OSHO
O PODER DO AMOR

OSHO

O PODER DO AMOR

O que é preciso para
amar a vida toda?

Tradução
Fernanda Mello

Copyright © OSHO International Foundation, Switzerland, 2014
Copyright © Editora Planeta do Brasil, 2019
Todos os direitos reservados.

Título original: *The Power of Love*

O material deste livro foi selecionado de várias palestras de Osho proferidas ao vivo para uma plateia. Todas as suas palestras foram publicadas na íntegra na forma de livros, e também estão disponíveis em gravações de áudio originais. As gravações e o arquivo de textos completos podem ser encontrados na biblioteca on-line OSHO, no endereço www.osho.com.

OSHO é uma marca registrada da OSHO International Foundation, www.osho.com/trademarks.

Preparação: Amanda Zampieri
Revisão: Rebeca Michelotti e Karina Barbosa dos Santos
Revisão técnica: Abodha
Diagramação: Triall Editorial Ltda
Capa: Compañía
Imagem de capa: ©Tiffany Credle / EyeEm / Getty Images

Dados Internacionais de Catalogação na Publicação (CIP)
Angélica Ilacqua CRB-8/7057

Osho, 1931-1990
   O poder do amor / Osho; tradução de Fernanda Mello. – São Paulo: Planeta do Brasil, 2019.
   208 p.

   ISBN: 978-85-422-1509-0
   Título original: Power of love

   1. Autoajuda 2. Amor 3. Vida espiritual 4. Conduta I. Título II. Mello, Fernanda

18-1839   CDD 299.93

Índice para catálogo sistemático:
1. Autoajuda: Vida espiritual: Religiões de natureza universal

2019
Todos os direitos desta edição reservados à
EDITORA PLANETA DO BRASIL LTDA.
Rua Bela Cintra 986, 4º andar – Consolação
São Paulo – SP CEP 01415-002
www.planetadelivros.com.br
atendimento@editoraplaneta.com.br

"A coisa mais importante que pode acontecer a
um homem ou a uma mulher entre
a vida e a morte é o amor.
E o amor tem muitas manifestações:
a meditação é uma das manifestações do amor."

OSHO

Sumário

Introdução 9

1. Primeira visão do amor, última visão
   da sabedoria 11

2. Ele disse/ela disse: amor no relacionamento 37

3. Aprisionado pela mente 59

4. O caminho do coração 117

5. Amor: o poder mais puro 153

6. O sentimento oceânico do ser 171

Epílogo 201

Introdução

Somente o amor torna uma pessoa criativa. Só no amor se começa a transbordar em existência, porque só no amor se tem algo a dar e a compartilhar. A pessoa que não conhece o amor não pode ser criativa, somente destrutiva. É a mesma energia – ligada ao amor, torna-se criativa, desconectada do amor, destrutiva.

O mundo pode ser um lugar totalmente diferente se as pessoas tiverem permissão para amar, e não impedimento para isso. Se for concedido às pessoas um clima de amor, um ambiente de amor onde possam facilmente se desenvolver como seres amorosos, o mundo poderá se tornar o próprio paraíso. As guerras mundiais não cessarão a menos que, e até que, tenhamos liberado a energia do amor. E somente a energia do amor pode significar a sobrevivência no futuro da humanidade. Somente uma explosão de amor poderá ser o antídoto à explosão atômica. Caso contrário, o homem estará cada vez mais perto de um suicídio universal.

Nós nos esquecemos de como é amar, e criamos tantas armas destrutivas que é quase impossível sobreviver, a menos que o milagre do amor aconteça na Terra. A situação é a seguinte: em uma sala há todo tipo de munição, e você deu uma caixa de fósforos a uma criança para que brincasse bem ali. Você espera que nada de errado aconteça, mas existem todas as possibilidades – porque a caixa de fósforos está ali, a criança está ali, a curiosidade da criança está ali. Ela vai abrir a caixa de fósforos, não conseguirá resistir. Vai tentar fazer algo com a caixa de fósforos, não conseguirá resistir. E há munição explosiva por toda a sala. É quase impossível evitar o acidente.

A situação é: o homem é praticamente deficiente no que diz respeito ao coração e tem grandes poderes liberados pela ciência. A menos que, na mesma proporção, seja possível liberar o amor do homem – sua poesia, sua capacidade de desfrutar, viver e celebrar –, será impossível sobreviver.

Um dos fundamentos é: sempre que você encontrar uma pessoa destrutiva, não fique zangado com ela. Tenha piedade. Até mesmo pessoas como Adolf Hitler precisam que alguém tenha piedade delas, precisam de compaixão. Suas energias se tornaram azedas, amargas e venenosas porque, de alguma forma, elas não entenderam o que é o amor. E a sociedade é tal, que cria ódio e impede o amor. Cria competitividade e impede a camaradagem. Ensina a lutar, nunca a ajudar.

Todo meu esforço aqui é para liberar suas fontes de amor, para acender sua chama de amor. E, quando ela estiver ali, cuide dela, e sua vida se tornará criativa por conta própria.

1.
Primeira visão do amor, última visão da sabedoria

O amor não deve ter destinatário. O amor não precisa ser orientado ao outro. O amor orientado ao outro não é amor verdadeiro, amor como relacionamento não é amor verdadeiro. O amor como um estado de ser é amor verdadeiro. Pode-se amar uma mulher, pode-se amar um homem, pode-se amar os filhos, pode-se amar os pais, pode-se amar rosas e pode-se amar outras flores, pode-se amar mil e uma coisas – mas esses são todos relacionamentos.

Aprenda a ser amor. Não é uma questão de a quem seu amor é dirigido, é simplesmente uma questão de estar amando. Mesmo sozinho, o amor continua fluindo. Absolutamente sozinho, imóvel, o que você pode fazer? É como a respiração... Você não respira por sua esposa; não é um relacionamento. Você não respira por seus filhos; não é um relacionamento. Você simplesmente respira: é a vida. Assim como a respiração é a vida para o corpo, o amor é a vida da alma – somos simplesmente o amor. Somente, então, vem-se realmente a saber que o amor é Deus.

Jesus afirma "Deus é amor". Eu lhe digo: "O amor é Deus". As palavras são as mesmas, mas o significado é muito diferente. Jesus diz que "Deus é amor". Assim, o amor se torna apenas uma das qualidades de Deus. Ele também é sábio, também é poderoso, também é um juiz e muitas outras coisas. Em meio a todas essas qualidades, também é amor. A declaração de Jesus foi muito revolucionária em sua época, mas já não é mais.

Eu digo: "O amor é Deus". Então, não é uma questão de Deus ter muitas outras qualidades. Na verdade, Deus desaparece – o amor se torna Deus. O amor é o real. *Deus* é o nome dado pelos teólogos ao que não conhecem. Não existe Deus. Toda a existência é feita da substância chamada de amor.

Todos querem amar e ser amados. Por quê? "Primeira visão do amor, última visão da sabedoria." É verdade?

O amor é um estado de oração que busca o caminho em direção à divindade. O amor é poesia nascida da pura alegria de ser. O amor é música, dança e celebração: uma música de gratidão, uma dança de agradecimento, uma celebração sem motivo algum, por esse enorme presente derramado sobre nós, por todo este universo, do pó ao divino. O amor não é o que você entende que ele seja, essa é a questão.

Você pergunta: "Todos querem amar e ser amados. Por quê?". Porque o amor é a religião maior, o amor é a religião mais suprema. O amor é a busca pela divindade – claro, uma busca inconsciente no começo, tropeçando, tateando no escuro. A direção pode não estar certa, mas a intenção é absolutamente correta.

Primeira visão do amor, última visão da sabedoria

O amor não é tão simples quanto você acredita, não é só uma atração biológica entre um homem e uma mulher. É isso também, mas trata-se apenas do começo, do primeiro passo. Ainda assim, se você olhar lá no fundo, não é uma atração entre homem e mulher, é uma atração entre a energia masculina e a energia feminina. Não é uma atração entre A e B. Mistérios muito mais profundos estão envolvidos mesmo em relações amorosas comuns.

Por essa razão, ninguém pode definir amor. Milhares de tentativas de definições já foram feitas, mas todas falharam. O amor permanece indefinível, muito elusivo, volátil. Quanto mais você quer entender, mais difícil se torna e mais ele se afasta. Você não consegue segurá-lo, não consegue saber exatamente o que ele é. Não pode controlá-lo. O amor permanece incompreensível. O homem quer saber, porque conhecimento traz poder. Você gostaria de ter poder sobre o amor, mas isso é impossível. O amor é muito maior do que você. Você não pode possuí-lo, só pode ser possuído por ele. Consequentemente, as pessoas que querem possuir o amor nunca sabem nada sobre ele.

Somente os que são corajosos o bastante – somente os que apostam, que conseguem arriscar a própria vida e ser possuídos por alguma energia desconhecida – conseguem saber o que é o amor.

O amor é o primeiro passo para o divino. Por isso, parece loucura para os limitados, os que não entendem todo o mistério do amor, os que tentam entendê-lo através da mente. Mas ele só pode ser entendido através do coração. Lembre-se: tudo que é maravilhoso está disponível ao coração. O coração é a porta para todos os grandes valores da vida, para todos os valores supremos, e a cabeça é só um mecanismo prático, um instrumento – bom no mercado, mas totalmente inútil em um templo. E o amor é um templo, não um mercado. Se você direciona o amor ao mercado, ele é reduzido a uma sexualidade repulsiva.

É o que as pessoas têm feito: em vez de elevarem o amor à divindade, reduzem o amor à sexualidade repulsiva e animalesca. E o estranho é que as mesmas pessoas – os sacerdotes, os políticos e os puritanos, as mesmas pessoas que reduziram o amor a um fenômeno feio – são contra o sexo, são inimigas do sexo. E são as pessoas que destruíram um poder com tremendo potencial!

O amor é uma flor de lótus escondida na lama. O lótus nasce da lama, mas você não o condena porque ele nasceu da lama. Você não se refere à flor de lótus como lodosa, não a chama de suja. O amor nasce do sexo, e a devoção nasce do amor. E, então, a divindade nasce da devoção. Voa-se muito alto, cada vez mais alto. Mas os sacerdotes e os puritanos reduziram o fenômeno inteiro à sexualidade. E, quando o amor se torna sexo, torna-se feio. Começa-se a se sentir culpado por isso. É por causa dessa culpa que este ditado, este provérbio, surgiu: "Primeira visão do amor, última visão da sabedoria".

Se você me perguntar, farei uma pequena alteração. Direi: "Primeira visão do amor, primeira visão da sabedoria".

Mas tudo depende de como você o vê. Se olhar para o potencial dele na mais elevada possibilidade que pode alcançar, o amor se torna uma escada. Se olhar somente para a lama, e você é completamente cego para o futuro da lama, então o amor se tornará uma coisa feia e surgirá em você um grande antagonismo. Acontece que ser antagônico ao amor é ser antagônico à divindade.

Ao voltar da lua de mel, Michael telefonou para o pai no escritório:

> "Bom ouvir você, filho. Diga-me, como está a vida de casado?"
> "Pai, estou muito chateado. Acho que me casei com uma freira."
> "Uma freira?", perguntou o pai, surpreso. "O que você quer dizer com isso?"
> "Ah, pai, você sabe, nada de manhã e nada à noite."
> "Ah, isso!", lamentou o homem mais velho. "Venha jantar no sábado e vou apresentá-lo à madre superiora."

Quando o amor é reduzido à sexualidade, é claro que a primeira visão do amor se torna a última visão da sabedoria. Mas isso depende de você. Por que reduzi-lo à sexualidade? Por que não transformar o metal comum em ouro? Por que não aprender a alquimia do amor? É o que estou ensinando aqui. E os sacerdotes, que não sabem nada sobre amor – porque nunca amaram, renunciaram ao mundo do amor –, continuam fazendo grandes esquemas de pensamento contra ele.

Um sacerdote estava diante de uma silenciosa multidão de atentos aldeões e lhes disse:

> "Vocês não devem usar a pílula."

Uma adorável senhorita levantou-se e respondeu:

"Olhe, você não joga o jogo, você não faz as regras!"

Essas são as pessoas que não jogam o jogo, mas fazem as regras. Há séculos os sacerdotes vêm fazendo regras. É o sacerdócio que tem condenado uma fonte de enorme potencial em todo o mundo, na verdade a única fonte de energia. Uma vez que ela é condenada, você estará condenado. Sua vida inteira se tornará sem sentido. Quando não é permitido que a energia sexual alcance seu auge natural, você viverá uma vida infeliz.

O amor é o maior dom da existência. Aprenda sua arte. Aprenda sua canção, sua celebração. É uma necessidade absoluta: assim como o corpo não pode sobreviver sem comida, a alma não pode sobreviver sem amor. O amor é o alimento da alma, é o começo de tudo que é grande. É a porta do divino.

Socorro! Estou desmoronando! Minha cabeça quer uma coisa, meu coração quer outra, meu ser, algo diferente, e meu corpo, algo ainda mais distinto. Enquanto tomamos decisões sobre assuntos mundanos, eles nunca estão em sintonia uns com os outros. Cabeça, mente, coração, ser e corpo sempre discordam em algo. Quando não consigo estar em harmonia comigo, como posso estar em harmonia com a existência?

Posso entender que seu corpo, sua mente e seu coração não estão em harmonia. Mas o seu ser... você só ouviu a palavra, você não sabe nada sobre ele. Se tivesse conhecido seu ser, tudo teria sido imediatamente harmonizado.

O ser é um poder tão grande que nem o coração nem a cabeça nem o corpo podem ir contra ele. Então, deixe o ser reservado – porque essa é a solução. Você precisa encontrar seu ser, e a descoberta do ser harmonizará sua existência.

Agora mesmo, ao encontrar corpo, mente e coração em desarmonia, primeiro ouça o corpo. Nenhum dos supostos santos lhe dirá isso: primeiro ouça o corpo. O corpo tem uma sabedoria própria e não é corrompido pelos sacerdotes. O corpo não é poluído por seus professores, por sua educação, por seus pais. Comece com o corpo, porque agora o corpo é a coisa mais pura em você. Então, se o coração e a mente forem contra, deixe-os ir. Você segue o corpo. O corpo é a primeira harmonia, e o ser, a última.

A luta é sempre entre o coração e a cabeça. O corpo e o ser nunca estão em conflito – os dois são naturais. O corpo é a natureza visível, e o ser é a natureza invisível, mas são parte de um fenômeno. Mente e coração estão em conflito porque a mente pode ser poluída, corrompida – e é o que todas as religiões e todas as culturas têm feito: corromper sua mente. Elas não podem corromper seu coração. Mas desenvolveram uma técnica diferente para o coração: elas o contornaram, o ignoraram. Não o alimentaram, tentaram de todas as maneiras enfraquecê-lo, condená-lo.

Então o que você tem, na verdade, é sua cabeça, que vai contra seu corpo – porque todas as culturas são contra o corpo –, e o corpo é a sua casa. Seu coração é parte do corpo e sua cabeça também – mas a cabeça pode ser influenciada, condicionada. O coração está além do alcance de outras pessoas: só você pode alcançá-lo.

Então, comece pelo corpo – primeiro siga o corpo. O corpo nunca vai desorientá-lo: pode confiar nele, e pode confiar completamente. Qualquer coisa que vá contra o corpo é imposta a você pelos outros. Esse é um bom critério para descobrir o que foi forçado a você. Aquilo que vai contra o corpo é forçado a você, é externo. Você deve jogar fora. Sua mente está cheia de elementos externos, sua mente não está em seu estado natural. Mas ela também pode entrar em um estado natural, e assim não será contra o corpo, estará em sintonia com ele. Então, comece pelo corpo e use-o como um critério.

É um processo muito simples: siga o corpo. Devagar, bem devagar, a mente começa a abandonar tudo que é contra o corpo. Tem de abandonar, aquilo não é sua natureza, ela carrega essa carga a despeito de si mesma. É a carga que a humanidade morta lhe deixou como herança. Seguindo o corpo, você ficará surpreso ao ver pela primeira vez duas coisas acontecerem. Primeiro, a cabeça começa a deixar o condicionamento. Segundo, quando a cabeça começa a deixar o condicionamento, você ouve pela primeira vez a voz mansa e delicada do coração, que foi afogada pela cabeça barulhenta. Quando a cabeça fica um pouco mais calma, um pouco mais silenciosa, você consegue ouvir o coração.

Primeiro, ouça o corpo para que tudo que é grosseiro em sua mente seja abandonado, e você começará a ouvir o coração. Não é contra o corpo, porque ninguém pode condicionar seu coração, não há aproximação do exterior para o coração. Você ficará surpreso ao ver que seu coração e seu corpo estão em harmonia. E quando essa harmonia surge, a cabeça está completamente liquidada, não tem poder sobre você. Agora você conhece um poder novo, mais puro, mais natural, mais autêntico, e a cabeça abandonará até mesmo seus condicionamentos sutis.

Primeira visão do amor, última visão da sabedoria

No dia em que a cabeça também se tornar silenciosa e entrar em sintonia com o coração e o corpo, nesse dia você descobrirá seu ser – não antes disso. E, depois de ter descoberto o seu ser, não precisará tentar harmonizar nada. A própria presença do ser harmoniza tudo. A própria experiência é tão vasta que seu corpo, seu coração e sua mente perdem suas identidades na vastidão do seu ser. Contudo, comece pelo corpo.

Todas as religiões afirmam exatamente o oposto. Dizem para você se opor ao corpo, para não seguir o corpo. O corpo é o inimigo. Essa é a estratégia para destruir você, porque removeram o elemento básico de onde você poderia ter crescido em harmonia. Você permanecerá sempre em discórdia, em desarmonia. Nunca chegará a conhecer o seu ser, e toda a sua vida será somente angústia, ansiedade e tensões de milhares de tipos. As religiões já lhe deram a pista de como o destruíram. Fazer sua mente trabalhar contra o corpo tem sido sua estratégia.

Estou lhe dizendo: comece pelo corpo. É sua casa. Ame-o, aceite-o e, nesse mesmo amor, nessa mesma aceitação, você estará crescendo em harmonia. Essa harmonia o levará ao ser. E, quando o ser é descoberto, você ficará aliviado de todo o esforço. A harmonia se torna simplesmente sua natureza – uma voz, uma unidade orgânica.

Por que o sexo tem sido um tabu em todas as sociedades ao longo do tempo?

É uma questão muito complicada, mas também muito importante – vale a pena abordá-la. O sexo é o instinto mais poderoso do homem. O político e o sacerdote entenderam desde o início que o sexo é a maior energia motriz do ser humano. Tem de ser cerceado, tem de ser cortado. Se o homem tiver liberdade total no sexo, então não haverá possibilidade de dominá-lo. Fazer dele um escravo será impossível.

Você não viu que isso estava sendo feito? Quando você quer que um touro seja atado a um carro de boi, o que você faz? Você o castra, destrói sua energia sexual. E já viu a diferença entre um touro e um boi? Que diferença! Um boi é um fenômeno pobre, um escravo. Um touro é uma beleza. Um touro é um fenômeno glorioso, um grande esplendor. Veja um touro andando, ele anda como um imperador! E veja um boi puxando um carro de boi... O mesmo tem sido feito ao homem: o instinto sexual tem sido reduzido, cerceado, mutilado. Agora o homem não existe como o touro, ele existe como o boi. E cada homem está puxando mil e um carros de boi.

Olhe e você encontrará atrás de si mil e um carros de boi, e você está atado a eles. Por que você não pode atar um touro? O touro é muito poderoso. Se vir uma vaca passando, arremessará você e o carro de boi para o lado e irá atrás dela. Ele não se importará nem um pouco com você e não o ouvirá. Será impossível controlar o touro.

A energia sexual é energia vital, é incontrolável. E o político e o sacerdote não estão interessados em você, estão interessados em canalizar sua energia para outras direções. Há um mecanismo por trás e isso tem de ser compreendido.

A repressão sexual, o sexo tabu, é o próprio fundamento da escravidão humana. E o homem não pode ser livre a menos que o sexo seja livre. O homem não pode ser realmente livre a menos que seja permitido o crescimento natural de sua energia sexual.

Estes são os cinco truques por meio dos quais o homem tem sido transformado em um escravo, em um fenômeno feio, em um mutilado. O primeiro é: se quiser dominá-lo, mantenha o homem o mais fraco possível. Se o sacerdote quiser dominar você, ou se o político quiser dominá-lo, você tem de ser mantido o mais fraco possível. Sim, em certos casos, exceções são permitidas: isto é, quando os serviços de combate ao nosso inimigo são necessários. Só assim, caso contrário, não. Ao exército são permitidas muitas coisas que a outras pessoas não são. O exército está a serviço da morte, é permitido ser poderoso. É permitido permanecer o mais poderoso possível. É preciso matar o inimigo.

Outras pessoas são destruídas, são forçadas a permanecer fracas de mil e uma maneiras. E a melhor maneira de manter um homem fraco é não dar liberdade total ao amor. O amor é alimento. Agora os psicólogos descobriram que, se uma criança não recebe amor, ela se encolhe e se torna fraca. Você pode lhe dar leite, lhe dar remédios, lhe dar tudo... só não dê amor. Deixe de abraçá-la, de beijá-la, de segurá-la perto do calor de seu corpo, e a criança começará a ficar cada vez mais fraca e terá mais chances de morrer do que de sobreviver. O que acontece? Por quê? Abraçando, beijando e dando calor, de alguma forma, a criança se sente alimentada, aceita, amada, necessária. A criança começa a se sentir merecedora, a criança começa a perceber um significado em sua vida.

O poder do amor

Contudo, desde a infância nós as privamos disso, não lhes damos todo o amor necessário. Depois forçamos os rapazes e as moças a não se apaixonarem, a menos que se casem. Aos 14 anos eles já estão sexualmente maduros. Mas sua educação pode levar mais tempo – mais dez anos, até que tenham 24, 25 ou mais e, então, conquistarão seus títulos de mestre, doutor ou médico, por isso temos de forçá-los a não amar.

A energia sexual chega ao clímax por volta dos 18 anos. Nunca mais um homem será tão potente, e nunca mais uma mulher conseguirá um orgasmo maior do que por volta dos 18 anos. Mas nós os forçamos a não fazer amor. Forçamos os meninos a terem seus dormitórios separados – meninas e meninos são mantidos separados, e bem entre os dois fica todo o mecanismo de policiamento: magistrados, vice-reitores, reitores, diretores. Estão todos ali, bem no meio, impedindo que os meninos se movam em direção às meninas, que as meninas se movam em direção aos meninos. Por quê? Por que tomam tanto cuidado? Estão tentando matar o touro e criar um boi.

Quando você tem 18 anos, está no auge da energia sexual, sua energia amorosa. Quando você se casa aos 25, 26, 27... e a idade tem sido cada vez maior; quanto mais culto for um país, mais você espera, porque mais tem de ser aprendido, tem de encontrar um trabalho, isso e aquilo. No momento em que se casa, seus poderes estão quase em declínio.

Então você ama, mas o amor nunca se torna realmente ardente, nunca chega ao ponto em que as pessoas evaporam, permanece morno. E se você não conseguiu amar plenamente, não poderá amar seus filhos, porque não sabe como. Se não conseguiu conhecer o auge do amor, como poderá ensiná-lo a seus filhos? Como poderá ajudar seus filhos a ter o auge do amor? Assim, ao longo do tempo, o amor tem sido negado ao homem para que ele permaneça fraco.

Segundo: mantenha o homem tão ignorante e iludido quanto possível para que possa ser facilmente enganado. E se quiser criar uma espécie de idiotismo – que é um dever para o sacerdote e para o político em sua conspiração mútua –, então o melhor é não permitir que o homem se dirija livremente ao amor. Sem amor, a inteligência de um homem diminui. Você não observou? Quando você se apaixona, de repente todas as suas capacidades ficam no auge, em um crescendo. Apenas um momento antes você parecia inerte, e então conheceu sua mulher... de repente, uma grande alegria irrompeu em seu ser e você está em chamas. Quando as pessoas estão apaixonadas, seu desempenho está no máximo. Quando o amor desaparece ou não está presente, o desempenho está no mínimo.

As pessoas mais notáveis e mais inteligentes são as mais sexuais. Isso tem de ser entendido, porque a energia do amor é basicamente inteligência. Se você não consegue amar, está de alguma forma fechado, frio, não consegue fluir. Quando está apaixonado, você flui. Quando está apaixonado, sente-se tão confiante que pode tocar as estrelas. É por isso que uma mulher se torna uma grande inspiração, um homem se torna uma grande inspiração. Quando uma mulher é amada, ela se torna mais bonita imediata e instantaneamente! Apenas um segundo antes, era só uma mulher comum... quando o amor a envolve, ela é banhada por uma energia totalmente nova, uma nova aura surge ao seu redor. Ela anda com mais graciosidade, uma dança surge em seu passo. Seus olhos agora têm uma enorme beleza, seu rosto reluz, ela é luminosa. E o mesmo acontece com o homem.

Quando as pessoas estão apaixonadas, seu desempenho está em seu máximo. Não permita o amor, e ele permanecerá em seu mínimo. Quando permanece no mínimo, as pessoas são estúpidas, são ignorantes, não se importam em saber. E quando as pessoas são ignorantes, estúpidas e iludidas, podem ser facilmente enganadas. Quando as pessoas são sexualmente reprimidas e têm a sabedoria do amor reprimida, começam a ansiar por outra vida, pensam sobre o céu e o paraíso, mas não pensam em criar o paraíso aqui e agora.

Quando você está apaixonado, o paraíso é aqui e agora. Então você não se importa, e quem vai procurar o sacerdote? E quem se importa se há um paraíso no céu? Isso não lhe importa mais, você já está no paraíso. Mas quando sua energia amorosa é reprimida, você começa a pensar: "Aqui não é nada. É um vazio. Então deve haver algum lugar, algum objetivo...". Você vai até o sacerdote e pergunta sobre o céu, e ele pinta belas imagens do céu. O sexo foi reprimido para que você possa se interessar pela outra vida. E quando as pessoas estão interessadas na outra vida, naturalmente não estão interessadas nesta aqui.

O Tantra diz: esta vida é a única vida. A outra vida está oculta nesta vida. Não é contra ela, não está longe dela, está nela. Entre nela. É isso! Entre nela e você encontrará a outra também. Deus está oculto no mundo – essa é a mensagem do Tantra. Uma ótima mensagem, soberba e incomparável. Deus está oculto no mundo, Deus está oculto aqui, agora. Se você ama, conseguirá sentir.

O terceiro segredo: mantenha o homem o mais amedrontado possível. E a forma segura é não lhe permitir o amor, porque o amor destrói o medo: "O amor expulsa o medo". Quando está amando, você não tem medo. Quando está amando, consegue lutar contra o mundo inteiro. Quando está amando, você se sente infinitamente capaz de qualquer coisa. Mas quando não está amando, você tem medo de coisas pequenas. Quando não está amando, você se torna mais interessado em segurança, em proteção. Quando está amando, fica mais interessado em aventura, em exploração.

As pessoas têm sido impedidas de a amar porque essa é a única forma de deixá-las com medo. E quando estão com medo e tremendo, estão sempre de joelhos, reverenciando o sacerdote e reverenciando o político. É uma grande conspiração contra a humanidade. É uma grande conspiração contra você. Seu político e seu sacerdote são seus inimigos, e fingem que são servidores públicos. Dizem: "Estamos aqui para servi-lo, para ajudá-lo a ter uma vida melhor. Estamos aqui para criar uma boa vida para você". E eles são os destruidores da vida.

O quarto: mantenha o homem o mais infeliz possível – porque um homem infeliz é confuso, um homem infeliz não tem amor-próprio, um homem infeliz se autocondena. Um homem infeliz acha que deve ter feito algo errado. Um homem infeliz não tem base. Você pode arrastá-lo de um lado para o outro, ele pode ser transformado em madeira flutuante com muita facilidade. E um homem infeliz está sempre pronto para ser comandado, para ser ordenado e para ser disciplinado porque sabe: "Por minha própria conta, sou infeliz. Talvez alguém possa disciplinar minha vida?". Ele é uma vítima pronta.

E o quinto: mantenha as pessoas tão afastadas umas das outras quanto possível, de modo que não possam se unir para algum propósito que o sacerdote e o político não aprovem. Mantenha as pessoas separadas umas das outras, não lhes permita muita intimidade. Quando as pessoas estão separadas, sozinhas, afastadas umas das outras, elas não podem se unir. E há mil e um truques para mantê-las distantes. Por exemplo, se você está segurando a mão de um homem – você é um homem e está segurando a mão de outro homem, estão andando pela rua e cantando –, você se sentirá culpado porque as pessoas começarão a olhar para você: você é homossexual ou algo assim? Dois homens não têm permissão para serem felizes juntos. Não têm permissão para dar as mãos, não têm permissão para se abraçar, são condenados como homossexuais. O medo surge. Se seu amigo vem e pega na sua mão, você olha em volta: será que alguém está olhando? E você fica com pressa de largar a mão. Você aperta as mãos com pressa. Já observou? Você só aperta a mão do outro, agita um pouco, e está acabado. Você não dá a mão, não abraça. Você tem medo.

Você lembra se seu pai já o abraçou? Você se lembra de sua mãe o abraçando depois de você ter se tornado sexualmente maduro? Por que não? O medo foi criado. Um jovem e sua mãe se abraçando? Talvez surja algo sexual entre eles, alguma ideia, alguma fantasia. O medo foi criado: o pai e o filho, o pai e a filha, não; o irmão e a irmã, não; o irmão e o irmão, não! As pessoas são mantidas em caixas separadas com grandes muros ao redor. Todos são classificados e há mil e uma barreiras. Sim, um dia, depois de vinte e cinco anos de todo esse treinamento, você poderá fazer amor com sua esposa. Mas o treinamento já se aprofundou em você e, de repente, você não sabe o que fazer. Como amar? Você não aprendeu essa língua.

É como se uma pessoa não tivesse permissão de falar por vinte e cinco anos. Apenas ouça: por vinte e cinco anos ela não teve permissão de falar uma única palavra e, de repente, você a colocou em um palco e disse: "Faça uma ótima palestra". O que vai acontecer? Ela fracassará na hora! Poderá desmaiar, poderá morrer... Vinte e cinco anos de silêncio e agora, de repente, espera-se que ela faça uma grande palestra. Não é possível. É o que está acontecendo: vinte e cinco anos de antiamor, de medo, e de repente você é legalmente permitido – uma licença é emitida e agora você pode amar essa mulher. Essa é sua esposa, você é marido dela, e agora vocês têm permissão para amar. Mas onde estão aqueles vinte e cinco anos de treinamento errado? Eles estarão lá.

Sim, você vai "amar"... você fará um esforço, um gesto. Mas não será explosivo, não será orgástico, será minúsculo. É por isso que se sente frustrado depois de fazer amor. Noventa e nove por cento das pessoas ficam frustradas depois de fazer amor, mais frustradas do que nunca. E sentem: "O quê? Não há nada! Não é verdade!".

Primeiro, o sacerdote e o político fizeram você não ser capaz de amar, eles vêm e pregam que não há nada no amor. E certamente a sua pregação parece correta, sua pregação parece estar exatamente em sintonia com a sua experiência. Criam a experiência da futilidade, da frustração e, então, o ensinamento deles. E tudo junto parece lógico, uma peça só.

É um grande truque, o maior que já foi jogado sobre o homem. Essas cinco coisas podem ser administradas por meio de um único elemento: o tabu do amor. É possível alcançar todos esses objetivos impedindo as pessoas de se amarem. O tabu foi conduzido de forma científica... Esse tabu é uma grande obra de arte. Foram utilizadas grande habilidade e grande astúcia, é realmente uma obra-prima. Esse tabu tem de ser entendido.

Primeiro, é indireto, está oculto. Não é aparente, porque, sempre que um tabu é muito óbvio, ele não funcionará. O tabu tem de ser oculto, então você não sabe como funciona. O tabu tem de ser tão oculto que você nem pode imaginar que qualquer coisa contra ele seja possível. O tabu tem de ir para o inconsciente, não para o consciente. Como torná-lo tão sutil e indireto? Seu truque é primeiro ensinar que o amor é ótimo, então as pessoas nunca pensam que os sacerdotes e os políticos são contra o amor. Continue ensinando que o amor é ótimo, que o amor é a coisa certa – em seguida, não permita qualquer situação em que o amor possa acontecer, não permita a oportunidade. Não dê oportunidade alguma e continue ensinando que a comida é ótima, que comer é uma grande alegria – "Coma tanto quanto puder!" –, mas não forneça nada para comer.

Mantenha as pessoas com fome e continue falando sobre amor. Assim todos os sacerdotes continuam falando sobre amor. O amor é louvado tão enfaticamente quanto possível, próximo de Deus, e toda possibilidade de que ele aconteça é negada. Encoraje-o diretamente, mas indiretamente corte suas raízes. Esta é a obra-prima.

Nenhum sacerdote pode mostrar o mal que eles têm feito. É como se você continuasse dizendo para uma árvore: "Seja verde, floresça, aproveite", e continuasse cortando suas raízes para que a árvore não possa ser verde. E quando a árvore não é verde, você pode pular sobre a árvore e dizer: "Ouça! Você não escuta, você não nos segue. Todos nós continuamos dizendo: 'Seja verde, floresça, aproveite, dance'". Enquanto isso você continua cortando as raízes.

O amor é tão negado... e o amor é a coisa mais rara do mundo, não deve ser negado. Se um homem pode amar cinco pessoas, deveria amar cinco. Se um homem pode amar cinquenta, deveria amar cinquenta. Se um homem pode amar quinhentas, deveria amar quinhentas. O amor é tão raro que, quanto mais você puder propagá-lo, melhor.

Mas há ótimos truques. Você é empurrado a um canto estreito, muito estreito: pode amar apenas a esposa, pode amar apenas o marido, pode amar apenas isso, pode amar apenas aquilo; são condições demais. É como se houvesse uma lei que dissesse que você só pode respirar quando estiver com a sua esposa, que só pode respirar quando estiver com o seu marido. Então a respiração se tornará impossível – em seguida você vai morrer! E não conseguirá respirar enquanto estiver com sua esposa ou com seu marido.

Você precisa respirar 24 horas por dia. Quanto mais respirar, mais será capaz de respirar quando estiver com seu cônjuge. Seja amoroso.

Depois, há outro truque: falam de amor "superior" e destroem o inferior. E dizem que o inferior tem de ser negado: o amor corporal é ruim, o amor espiritual é bom. Você já viu algum espírito sem corpo? Você já viu uma casa sem fundação? O inferior é a fundação do superior. O corpo é a sua morada: o espírito vive no corpo, com o corpo. Você é um espírito corporalizado e um corpo com alma. Você é um só. O inferior e o superior não estão separados, são um, são degraus da mesma escada.

É isso que o Tantra quer deixar claro: o inferior não deve ser negado, o inferior tem de ser transformado no superior. O inferior é bom! Se você fica preso ao inferior, a falha é sua, não do inferior. Não tem nada de errado com o degrau inferior de uma escada. Se está preso a isso, *você* está preso: é alguma coisa em você. Mexa-se! Sexo não é errado, *você* está errado se estiver preso a ele. Mova-se para o superior. O superior não é contra o inferior. O inferior permite que seja possível existir o superior.

E esses truques criaram muitos outros problemas. Sempre que você está amando, de alguma forma se sente culpado. Uma culpa surge. Quando há culpa, você não consegue se mover totalmente para o amor, a culpa o impede, a culpa o mantém em espera. Mesmo ao fazer amor com sua esposa ou seu marido, há culpa: você sabe que isso é pecado, sabe que está fazendo algo errado. Santos não fazem isso, você é um pecador. Então, você não pode se mover totalmente mesmo quando é permitido amar – superficialmente – sua esposa. O sacerdote está escondido atrás de você em sua sensação de culpa. Está puxando você de lá, puxando suas cordas. Quando a culpa surge, você começa a sentir que está errado, perde o amor-próprio, perde o autorrespeito.

Então surge outro problema: quando há culpa, você começa a fingir. Mães e pais não permitem que os filhos saibam que eles fazem amor – eles fingem, fingem que sexo não existe. Seu fingimento será descoberto pelas crianças mais cedo ou mais tarde. Quando as crianças descobrem o fingimento, perdem toda a confiança, sentem-se traídas, sentem-se enganadas. E pais e mães dizem que os filhos não os respeitam – vocês são a causa disso, como eles podem respeitá-los? Vocês os enganam de todas as maneiras. São desonestos, malvados. Vocês lhes diziam para não se apaixonarem – "Cuidado!" –, e estavam fazendo amor o tempo todo. Virá o dia em que, cedo ou tarde, perceberão que nem o pai nem a mãe eram verdadeiros – então, como poderão respeitá-los?

Primeiro a culpa cria o fingimento, depois o fingimento cria o afastamento. Mesmo a criança, seu próprio filho ou filha, não se sentirá em sintonia com você. Há uma barreira: seu fingimento. E quando você sabe que todos estão fingindo... Um dia você virá a saber que está apenas fingindo, assim como os outros. Quando todos estão fingindo, como podem se relacionar? Quando todos são falsos, como podem se relacionar? Como podem ser amigáveis quando em toda parte há decepção e engano? Você fica muito, muito ferido com a realidade, você se torna muito amargo. Você passa a vê-la apenas como uma oficina do diabo.

E todos têm uma máscara, ninguém é autêntico. Todos carregam máscaras, ninguém mostra seu rosto original. Você se sente culpado, sente que está fingindo e sabe que todos estão fingindo, todos estão se sentindo culpados e todos se tornaram apenas uma ferida aberta. Agora é muito fácil tornar essas pessoas escravas – transformá-las em balconistas, chefes de estação, professores, agentes arrecadadores, ministros, governadores e presidentes. Agora é muito fácil distraí-las. Você as distraiu de suas raízes. O sexo é a raiz, daí o nome *muladhara*. *Muladhara* significa a energia da raiz.

> Eu ouvi...
> Era sua noite de núpcias, e a arrogante Lady Jane desempenhava seus deveres conjugais pela primeira vez.
> "Milorde", ela perguntou ao noivo "é isso que as pessoas comuns chamam de fazer amor?".
> "É sim, milady", respondeu o lorde Reginald, procedendo como antes.
> Depois de um tempo Lady Jane exclamou, indignada:
> "É bom demais para as pessoas comuns!"

As pessoas comuns não têm realmente permissão para fazer amor: isso é bom demais para elas. Mas o problema é que, quando você envenena todo o mundo comum, também é envenenado. Se envenena o ar que as pessoas comuns respiram, o ar que o rei respira também será envenenado. Não pode ser separado, é tudo uma coisa só. Quando o sacerdote envenena as pessoas comuns, no fim também é envenenado. Quando o político envenena o ar das pessoas comuns, no fim respira o mesmo ar, não há outro ar.

Um pároco e um bispo estavam em cantos opostos de um vagão ferroviário em uma longa jornada. Quando o bispo entrou, o pároco guardou seu exemplar da *Playboy* e começou a ler o *Church Times*.
O bispo o ignorou e continuou fazendo as palavras cruzadas do *Times*. O silêncio prevaleceu.
Depois de algum tempo, o pároco tentou puxar conversa. E quando o bispo começou a coçar muito a cabeça e a resmungar, ele tentou novamente.
"Posso ajudá-lo, senhor?"
"Provavelmente. Estou apenas me debatendo por uma palavra. O que é que tem seis letras, as últimas três são i--n-a, e a pista é 'essencialmente feminina'?"
"Ora, senhor", respondeu o pároco após uma pequena pausa, "isso seria 'menina'".
"Claro, claro!", disse o bispo. "Meu jovem, pode me emprestar uma borracha?"

Quando você reprime a superfície, tudo vai para o inconsciente. Continua existindo, o sexo não foi destruído. Felizmente, não foi destruído, apenas envenenado. Ele não pode ser destruído, é energia vital. Ele se tornou poluído e pode ser purificado. Esse é todo o processo do Tantra: um grande processo de purificação.
Seus problemas na vida podem ser basicamente reduzidos ao seu problema sexual. Você pode resolver seus outros problemas, mas nunca conseguirá resolvê-los, porque não são problemas verdadeiros. E se resolver seu problema

sexual, todos os problemas desaparecerão porque você solucionou a base.

Mas você tem muito medo de dar atenção a isso! É simples: se conseguir ignorar seu condicionamento, é muito simples, é tão simples quanto esta história...

Uma solteirona frustrada era uma praga para a polícia. Ficava ligando e dizendo que havia um homem debaixo de sua cama. Ela finalmente foi enviada a um hospital psiquiátrico, mas ainda dizia aos médicos que havia um homem debaixo de sua cama. Eles lhe deram os mais modernos remédios e, de repente, ela declarou que estava curada.

"Quer dizer, srta. Rustifan, que agora a senhorita não vê mais um homem debaixo de sua cama?"

"Não, não vejo. Vejo dois."

Um médico disse ao outro que só havia um tipo de injeção que curaria sua doença, que ele chamou de "virgindade maligna": por que não a colocam no quarto com Big Dan, o carpinteiro do hospital?

Big Dan foi procurado, ouviu sobre a doença e que ele ficaria trancado com ela por uma hora. Ele disse que não demoraria tudo isso, e um grupo ansioso se reuniu perto da porta. Eles ouviram:

"Não, pare com isso, Dan. Mamãe nunca me perdoaria!".

"Pare de gritar, isso já tinha de ter sido feito. Deveria ter sido feito anos atrás!"

"Então faça como quiser, mas que seja com força, então, seu bruto!"

"É o que seu marido teria feito, se você tivesse um."

Incapazes de esperar, os médicos entraram.

"Eu a curei!", disse o carpinteiro.

"Ele me curou!", disse a srta. Rustifan.

Ele tinha serrado as pernas da cama.

Às vezes a cura é muito simples, mas você continua fazendo mil e uma coisas. O carpinteiro fez bem, simplesmente cortou as pernas da cama e estava resolvido! A partir de agora, onde é que um homem poderia se esconder?

O sexo é a raiz de quase todos os seus problemas. Tem de ser assim, porque são milhares de anos de envenenamento. Uma grande purificação é necessária. O Tantra pode purificar sua energia sexual. Ouça a mensagem do Tantra, tente entendê-la. É uma grande mensagem revolucionária. É contra todos os sacerdotes e políticos. É contra todos aqueles envenenadores que mataram toda a alegria na terra apenas para que o homem pudesse ser reduzido a escravo.

Reivindique sua liberdade. Reivindique sua liberdade de amar. Reivindique sua liberdade de ser e, então, a vida não será mais um problema. Será um mistério, um êxtase. Será uma bênção.

2.
Ele disse/ela disse: amor no relacionamento

Sempre que você faz do outro sua posse, você se torna posse do outro. Funciona nos dois sentidos. Quando você reduz o outro a escravo, o outro o reduz a escravo. E quando você tem muito medo de que o outro o deixe, você está pronto para se comprometer, está pronto para se comprometer da maneira que for.

Você verá isso acontecer com todos os maridos e esposas. Eles se comprometeram, venderam suas almas por uma única razão: porque não conseguem ficar sozinhos. Ficam receosos de que a mulher vá embora, de que o homem vá embora – e depois? A ideia em si é muito intimidadora e horripilante.

A capacidade de estar sozinho é a capacidade de amar. Pode parecer paradoxal, mas não é. É uma verdade existencial: somente as pessoas que conseguem ficar sozinhas são capazes de amar, de compartilhar, de ir ao âmago da outra pessoa – sem possuir o outro, sem se tornar dependente do outro, sem reduzir o outro a uma coisa e sem ficar viciado no outro. Elas permitem liberdade absoluta ao outro porque sabem que, se o outro partir, serão tão felizes como agora. Sua felicidade não pode ser tirada pelo outro, porque não é dada pelo outro.

Então, por que elas querem ficar juntas? Não é mais uma necessidade, é um luxo. Tente entender. Pessoas de verdade se amam como um luxo. Não é uma necessidade. Elas gostam de compartilhar: têm tanta alegria que gostariam de derramá-la em alguém. E sabem como se apresentar na vida como um instrumento solo.

Que tipo de amor é possível entre um homem e uma mulher? Há alguma possibilidade de o relacionamento entre um homem e uma mulher não estar emaranhado no padrão usual de sadomasoquismo?

É uma questão muito importante. De modo geral, as religiões tornaram isso impossível. Destruíram o lindo relacionamento entre homem e mulher. Havia uma razão para destruí-lo: se a vida amorosa de um homem estiver realizada, você não encontrará tantas pessoas orando nas igrejas. Elas estarão fazendo amor. Amor de manhã cedo, aos domingos. Quem se importa com o idiota que está pregando na igreja? Se a vida amorosa das pessoas é de imenso conteúdo e beleza, elas não se importarão se Deus existe ou não, se a filosofia pregada na Bíblia é verdadeira ou não. Estão satisfeitas consigo mesmas. De vez em quando acontece de eu passar na estrada e um casal estar se abraçando e nem olhar para mim. Fico tão feliz. Devem estar em um lugar excelente!

As religiões destruíram seu amor com a criação do casamento. O casamento é o fim, não o começo – o amor está acabado. Agora você é um marido, sua amada é uma esposa. Então vocês começam a tentar dominar um ao outro, e é política, já não é amor. E cada coisinha se torna um ponto a ser discutido. E o casamento é contra a natureza humana, então, cedo ou tarde, você vai estar farto da mulher, e a mulher vai estar farta de você. É natural, não há nada de errado nisso. É por isso que digo que os casamentos não deveriam existir, porque casamentos tornam o mundo inteiro imoral. Um homem dorme com uma mulher, e eles não se amam, mas ainda tentam fazer amor porque são casados – isso é feio, nojento. Chamo isso de verdadeira prostituição.

Quando um homem busca uma prostituta, pelo menos é sincero. Compra um produto, não compra a mulher, compra determinado produto. Mas ele adquiriu a mulher inteira em casamento, por toda a vida. Todos os maridos e todas as esposas, sem exceção, estão enjaulados, tentando se libertar. Mas, às vezes, em países onde o divórcio é permitido, e eles conseguem mudar de parceiro, em pouco tempo têm uma surpresa. A outra mulher ou o outro homem se mostram uma cópia exata do que deixaram para trás!

Eu me lembro de ouvir falar de um homem que se casou oito vezes – claro, deve ter sido na Califórnia. Quando se casou pela oitava vez, depois de dois dias, reconheceu que havia se casado com aquela mulher antes. E então começou a pensar: "O que ganhei trocando de mulheres? Tudo volta à mesma rotina".

A estabilidade no casamento é antinatural, a monogamia é antinatural. O homem é por natureza um animal polígamo e qualquer pessoa que seja inteligente será polígama. Você não pode comer comida italiana para sempre – de vez em quando, quer visitar o restaurante chinês!

Quero que as pessoas sejam completamente libertadas do casamento e das certidões de casamento. A única razão para estarem juntas deve ser o amor, não a lei. O amor deve ser a única lei. Neste caso o que você está perguntando é possível. No momento em que o amor desaparece, digam adeus um ao outro. Não há nada pelo que lutar: o amor era um dom da existência, veio como o vento, foi como o vento. Vocês serão gratos um ao outro. Podem se separar, mas se lembrarão dos momentos lindos que tiveram juntos. Podem continuar amigos, até mesmo amantes. Normalmente os amantes se tornam inimigos quando se separam. Na verdade, tornam-se inimigos antes de se separarem – é por isso que se separam.

Em última análise, se as duas pessoas meditam, elas não são apenas amantes, mas tentam transformar a própria energia do amor em um estado meditativo... E essa é toda a minha abordagem em relação ao homem e a seu relacionamento com a mulher. É uma energia tremenda, é vida. Se, ao fazer amor com sua mulher, ambos puderem ficar em silêncio por um momento, totalmente quietos, sem que nenhum pensamento passe por suas mentes – como se o tempo tivesse parado –, então vocês conhecerão pela primeira vez o verdadeiro gosto do amor. Esse tipo de relacionamento pode permanecer por toda a vida, porque já não é apenas atração biológica que cedo ou tarde desaparece.

Então, você tem uma nova dimensão se abrindo. Sua mulher se tornou seu templo, seu homem se tornou seu templo. Seu amor se tornou sua meditação, e essa meditação vai crescendo, e, quando cresce, você começa a ficar cada vez mais alegre, cada vez mais bem nutrido, cada vez mais fortalecido. Não há relacionamento, não há escravidão para permanecer com o outro. Mas quem renuncia à alegria? Quem pede o divórcio quando há tanta alegria? As pessoas pedem o divórcio porque não há alegria, só desespero, 24 horas de pesadelo.

Meu povo aqui e ao redor do mundo está aprendendo que o amor é apenas um trampolim. Há muito mais pela frente. E isso só é possível se duas pessoas permanecerem íntimas por um longo período. Com uma pessoa nova, você recomeça do zero. E não há necessidade de uma pessoa nova, porque agora não é o aspecto biológico ou físico da pessoa, mas sim que você entrou em comunhão espiritual.

Transformar o sexo em espiritualidade é minha abordagem básica. E se ambos são amantes e meditam, eles não se importarão: de vez em quando, se você visitar um restaurante chinês ou ela for visitar algum restaurante europeu, não será um problema. Você ama essa mulher: se ela se sente feliz de vez em quando com outra pessoa, o que há de errado nisso? Você deveria estar feliz por ela estar feliz, você a ama. Apenas pessoas que meditam conseguem se livrar do ciúme.

Seja um amante – isso é um bom começo, mas não o fim. Continue tentando ser mais meditativo. E seja rápido, porque seu amor pode terminar no dia em que a lua de mel acabar. Meditação e amor devem andar de mãos dadas. Se pudermos criar um mundo onde os amantes também meditem, não haverá problema de tortura contínua, implicância e ciúme machucando um ao outro de todas as maneiras possíveis.

O amor sem meditação está fadado a se transformar em ódio a qualquer instante – cuidado! Mas o amor com meditação se tornará cada vez mais profundo, cada vez mais intenso. E talvez duas pessoas juntas se sintam tão sintonizadas que queiram ficar juntas para sempre. Mas isso não é uma condição. Qualquer dia, se um dos parceiros decidir: "Agora estou saindo desta encruzilhada para longe de você. Obrigado por tudo o que você fez. Vou me lembrar de todos esses belos momentos, mas não posso continuar" é suficiente. Não é necessário nenhum tribunal para decidir por você que você está casado, para decidir por você que você está divorciado. Em que mundo insano vivemos, onde nem mesmo nosso amor é livre!

E quando digo que o amor deve ser nossa liberdade, sou condenado em todo o mundo como "o guru do sexo livre". Certamente, sou a favor da liberdade do amor. E de certo modo eles estão certos: não quero que o sexo seja um produto no mercado. Tem de estar disponível gratuitamente – se duas pessoas concordam, é o bastante. E esse acordo ocorre somente naquele momento: sem promessas para o futuro, porque se tornam grilhões em torno do seu pescoço, elas irão matá-lo. Nada de promessas para o futuro. Apenas desfrute o momento. E se no próximo momento ainda estiverem juntos, poderão saboreá-lo ainda mais.

Então não uso a palavra *relacionamento*. Uso a palavra *relação*. Você pode se relacionar, mas não cria um relacionamento. Se sua relação se tornar um processo vitalício, isso é muito bom. Se não, é ainda melhor. Talvez aquele não fosse o parceiro certo, e é bom que você tenha se separado. Encontre outro parceiro. Deve haver alguém em algum lugar esperando por você. Mas esta sociedade não permite que você descubra quem está esperando por você, quem é a pessoa que vai combinar com você.

Eles me chamam de imoral. Para mim, isso é moralidade: o que eles estão tentando praticar é imoral.

> *Cair de amores é tão fácil. Por que é tão difícil deixar de amar? Tantas discussões, lágrimas, brigas, medos... Não quero machucar a pessoa com quem estive, porque não quer dizer que não haja sentimento. Estou tão confuso. Você pode dizer alguma coisa?*

Há algo a dizer? Está terminado!

Cair é sempre fácil. Você pode cair em qualquer vala. Sair é difícil. Mas você terá de sair. Quando o amor desaparece, a vala se torna o inferno. Em seguida há brigas, discussões, provocações e todo tipo de sordidez de ambos os lados. Ninguém quer se machucar – mas, porque ele está machucando, ela está machucando, sem perceber que continuam despejando seus sentimentos feridos um no outro.

Em primeiro lugar, quando você começa a cair de amores por alguém quando ainda não está na vala, essa é a hora de me perguntar, porque tenho um tipo de amor totalmente diferente, que se chama de crescer em amor. Então, não há problema. Crescer em amor é lindo, e sair disso é muito fácil, porque será apenas cair. Cair é fácil, mantenha isso para o próximo passo. Para o primeiro passo, use sempre crescer.

Mas o passo no qual é mais fácil cair você já deu. Agora tem de fazer o mais difícil. E isso irá acontecer – todas essas lágrimas e conflitos, mas nada pode trazer o amor de volta.

O poder do amor

Uma coisa simples tem de ser entendida. O amor – o amor de que você está falando – não está em suas mãos. Você caiu nele. Não estava em seu poder não cair, então, quando ele chega, leva você com ele. Mas é como uma brisa, ele vem e vai. E é bom que venha e vá porque, se ele ficar, vai se tornar desgastado. É necessário que haja um pouco de compreensão, de ambos os lados, de que o amor não existe mais. Não há necessidade de se odiarem, porque ninguém o destruiu. Ninguém o criou – veio como uma brisa, vocês aproveitaram aqueles momentos. Agradeçam um ao outro e se ajudem a sair da vala. Quando você está em uma vala, esse é o único caminho. O homem, para ser realmente varonil, deve oferecer o ombro para a mulher se erguer e sair da vala. E o homem pode descobrir como fazê-lo.

Mas ninguém me pergunta antes de cair. Isso é estranho! Há trinta e cinco anos espero que alguém me pergunte como cair de amores. Ninguém me pergunta porque, se tivesse perguntado, eu teria sugerido: "Nunca caia de amor. Tente crescer em amor". E crescer de amor é um assunto totalmente diferente. Crescer em amor significa um aprendizado, uma mudança, uma maturidade. Crescer em amor, afinal, ajuda você a se tornar adulto. E duas pessoas adultas não brigam, mas tentam entender, tentam resolver os problemas.

Quem cresce em amor nunca cai, porque crescer é um esforço, e o amor que cresce através do seu esforço está em suas mãos. Mas cair de amores não é resultado de seu esforço. Cair de amores... esse amor vai ser interrompido em algum lugar, e quanto mais cedo você entender que ele se foi, melhor. Do contrário, você fica enredado em milhares de coisas. E é isso que dificulta a separação.

Quando você cai de amores, não surgem dúvidas. Você está limpo, a outra pessoa está limpa. Mas, quando você quer se separar, os dias, as noites e os anos que viveram juntos, amaram juntos, experimentaram algo que é um dos mais belos presentes da natureza... vocês vão ficando enredados. Continuam fazendo promessas um ao outro – e não quer dizer que estejam mentindo ou enganando. Naqueles belos momentos, essas promessas parecem estar vindo realmente do coração. Mas, quando esses momentos se vão – e eles se vão, porque foi uma queda, e ninguém pode permanecer em um estado decaído por toda a eternidade, algum dia terá de se erguer novamente –, no momento em que você começar a se separar, todos aqueles envolvimentos, suas promessas, as promessas do outro, criam a complexidade.

Crescer em amor é algo espiritual.

Cair de amores é algo biológico.

A biologia é cega, por essa razão dizemos que o amor é "cego". Mas o amor de que falo é o único *insight* facilmente disponível para todos. Com apenas um pouco de esforço...

O amor tem de surgir do silêncio, da consciência, da meditação. É suave, não tem amarras – como pode o amor criar grilhões para aquele que é amado? Amar é dar liberdade ao outro, cada vez mais. À medida que o amor se aprofunda, a liberdade se torna maior. À medida que o amor se aprofunda, você começa a aceitar a pessoa como ela é. Você para de tentar mudar a pessoa.

Uma das tristezas do mundo é que os casais estão continuamente tentando mudar a outra pessoa. Não sabem que, se a pessoa realmente mudar, o amor deles desaparecerá, porque, em primeiro lugar, não se apaixonaram por essa pessoa modificada. Eles se apaixonaram por alguém que não foi tocada por suas ideias de "mudar isso e aquilo".

Ao crescer em amor você se torna consciente de que o outro tem o próprio imperativo territorial e você não deve invadi-lo.

Se o amor se torna liberdade, não há necessidade de se separar. A ideia de separação surge porque você percebe que está se tornando cada vez mais escravo, e ninguém gosta da escravidão.

Mas você só me pergunta quando já está na vala e não consegue sair. Uma coisa é certa: não vou entrar na vala para tirá-lo! Vocês dois têm que administrar isso. Se eu entrar na vala para ajudá-los, vocês dois estarão do lado de fora e eu ficarei na vala! E não conheço ninguém a quem eu possa perguntar: "Como sair daqui?".

Nunca fiz uma única pergunta a ninguém sobre a minha vida. É a minha vida e tenho de vivê-la, tenho de resolver os problemas sozinho. Nunca pedi conselhos, e nunca aceitei o conselho não solicitado de alguém. Eu dizia a essas pessoas: "Você tem de entender que conselho é a única coisa que todos dão e que ninguém pede". Por que se preocupar? O conselho dado por uma pessoa a quem você não pediu não deve ser muito sábio.

O homem sábio nunca impõe sua ideia a ninguém. Se alguém lhe perguntar, ele simplesmente dá sua visão. Não é um mandamento que tenha que ser cumprido; não há um "deveria" nele.

Só posso dizer uma coisa: vocês deram belos momentos um ao outro – sejam gratos, reconheçam. A separação não deve ser feia. Quando o encontro foi tão bonito, você deve à existência que a separação seja bonita. Esqueça todas as suas promessas — elas estavam corretas quando foram feitas, mas o tempo mudou, você mudou. Vocês dois estão em uma encruzilhada, prontos para se mover em direções diferentes, talvez nunca se encontrem novamente. Faça isso do jeito mais amável possível. E, assim que você entender que isso tem de acontecer, amavelmente ou não — é melhor fazer acontecer com amabilidade.

Pelo menos seu amante viverá em sua memória e você viverá na memória de seu amante. De certa forma, aqueles momentos juntos sempre o enriquecerão. Mas se separe com amabilidade. E não é difícil quando você entende o amor — que é um fenômeno muito difícil. Você caiu sem pensar duas vezes. Você vai entender que o amor desapareceu muito facilmente. Aceite a verdade e não se culpem, porque ninguém é responsável. Ajudem-se com amabilidade, separem-se em profunda amizade.

Quando se separam, os amantes se tornam inimigos. Isso é um tipo estranho de gratidão. Eles deveriam se tornar amigos de verdade. E se o amor pode se tornar amizade, não há culpa nem rancor nem o sentimento de que você foi enganado, explorado. Ninguém explorou ninguém, foi só a energia biológica que o deixou cego.

Ensino um tipo diferente de amor. Não termina em amizade, começa em amizade. Começa em silêncio, em consciência. É um amor que é sua própria criação, que não é cego.

Esse amor pode durar para sempre, pode continuar se aprofundando. Esse amor é imensamente sensível. Nesse tipo de relacionamento, sente-se a necessidade da outra pessoa antes mesmo que a outra fale. Conheço alguns casais, pouquíssimos casais – meu relacionamento com casais é grande, mas só encontrei dois ou três casais que não caíram de amor, mas que cresceram de amor. E a coisa mais milagrosa sobre eles é que começaram a sentir um ao outro sem palavras. Se o homem estivesse com sede, a mulher trazia água. Nada era dito, tratava-se de um sincronismo. Se o amado está com sede, ela mesma deve começar a sentir sede. Uma transferência acontece continuamente, palavras não são necessárias. As energias podem se relacionar diretamente sem a linguagem.

Esse amor não precisa de nada do outro. É grato porque o outro recebe algo quando ele ou ela oferecer. Nunca se sente em qualquer tipo de servidão, porque não há servidão. Nesse amor, o sexo pode acontecer às vezes, pode não acontecer por meses e, finalmente, desaparecerá completamente. Nesse contexto, o sexo já não é sexual, mas uma forma de estar junto, penetrando o mais profundamente possível no outro, um esforço para alcançar as profundezas do outro. Não tem nada a ver com reprodução biológica.

E assim que começam a entender que tudo o que fazem... no sexo, apenas seus corpos podem se encontrar. Então, o sexo lentamente desaparece. E um tipo diferente de encontro começa a acontecer, um encontro de energias. De mãos dadas, sentados juntos olhando para as estrelas, é mais do que qualquer orgasmo sexual pode oferecer – duas energias se fundindo.

O orgasmo sexual é físico e limitado a ser o tipo mais inferior. O orgasmo que não é físico tem uma beleza enorme e conduz finalmente à autorrealização. E se o amor não puder lhe dar iluminação, não o chame de amor. Amor é uma palavra tão bonita. Quando você diz "caí de amores", está usando a expressão de maneira errada. Diga "caí no sexo" – seja verdadeiro. No amor sempre se cresce, nunca se cai.

Mas primeiro você tem de sair da vala. Ajude o outro. A biologia não vai ajudar. Apenas seja humano com o outro e entenda que o amor que o estava cegando não existe mais. Seus olhos estão abertos. Não tente enganar o outro: que você ainda o ama, ainda sente, mas não sabe o que fazer... Essa espécie de hipocrisia não é boa. Simplesmente diga: "O sentimento não está mais aqui. Estou triste e lamento, teria amado que a sensação ainda estivesse aqui, mas não está. E sei que também não está aí em você". Quando ficar entendido que o sentimento se foi, agora, pelo menos, como seres humanos, ajudem-se mutuamente a sair da vala. Se vocês ajudam um ao outro, não há problema.

Mas, em vez de ajudar, cada um quer uma conclusão, e não permite que o outro saia da vala. Continuam puxando um ao outro para baixo. Entenda: a razão é o medo. O velho amor se foi, o novo ainda não chegou. Ele não pode chegar à sua vala, primeiro você terá de sair dela! O medo é do desconhecido. O passado foi tão lindo, você gostaria de tê-lo de volta. Então tenta forçá-lo, o outro tenta forçá-lo. Mas essas coisas não podem ser forçadas. Um amor forçado não é amor.

Se você tem de beijar alguém sob a ameaça de uma espada – Beije! –, que tipo de beijo será? Olhando para a espada, você poderá beijar, mas não será um beijo. Qualquer amor forçado, por qualquer motivo, não é amor. E vocês dois sabem o que é o amor, porque estiveram juntos nesses momentos, e podem facilmente comparar e saber que não é a mesma coisa. Ajudem-se – é muito fácil se vocês se ajudarem – e se separarão com amabilidade.

Da próxima vez tente não cair, tente se levantar. Não deixe a biologia dominar você. Sua consciência deve ser o mestre.

Você poderia descrever as diferentes qualidades de um homem maduro e de uma mulher madura?

A primeira coisa para que o homem e a mulher amadureçam é terem tantas experiências sexuais quanto possível entre os 14 e os 21 anos. E é nessa idade que as crianças são ensinadas por todas as sociedades a reprimir a sexualidade. Isso é algo de enorme importância: se a sexualidade é reprimida, a inteligência é automaticamente reprimida. Elas crescem juntas. Você ficará surpreso ao saber que, na Primeira Guerra Mundial, pela primeira vez, a idade mental dos soldados foi verificada, e um fato surpreendente foi que em todas as nações a média de idade mental de um soldado era de 13 anos, embora sua idade cronológica pudesse ser de 30. O que aconteceu aos 13 anos? Esse é o período, algum ponto entre 13 e 14 anos, em que um homem se torna sexualmente maduro. Se você reprime sua sexualidade, também reprime sua inteligência.

A segunda coisa a lembrar é que, aos 18 anos, o homem e a mulher estão no auge do poder sexual. Podem ter a melhor experiência orgástica, como jamais experimentarão depois. E todas as culturas e sociedades continuam forçando os filhos... até os 25 anos você tem de permanecer celibatário. Isso é muito destrutivo. Por um lado, mantém a mente com apenas 13 anos, presa, atrasada. Por outro, a pessoa que não teve uma experiência orgástica aos 18 anos de idade nunca a experimentará; o que quer que ele ou ela façam é inútil. E perder essa experiência é perder algo imensamente valioso – a mais prazerosa, a mais feliz, a mais extática possibilidade que a biologia disponibiliza. As pessoas ficam infelizes, sofrem, tensas, angustiadas, buscam o sentido da vida, mas nunca o encontram. Perderam algo que as teria ajudado a encontrar o sentido da vida.

Então não há possibilidade depois dos 18 anos? Quer dizer que se alguém não tem essa experiência aos 18 anos, está perdido para sempre?

Não, há uma possibilidade, mas não será apenas por meio da natureza. Essa pessoa terá de fazer alguma coisa. É onde entra a meditação. Se ela tivesse a experiência biologicamente, seria natural. Ela não estava fazendo nada, aconteceu por conta própria. Se aconteceu naturalmente, a meditação é muito fácil porque ela já conhece a experiência. Não precisa acreditar em meditação, ela sabe que essa experiência existe. Foi alcançada através do sexo.

Na meditação, ela é obtida solitariamente e alcançada por meio de um método. Mas, se a pessoa conhece a experiência, quando inicia qualquer experimentação meditativa, começa a sentir que está se aproximando daquela experiência, de sua fragrância, de seu frescor. Sabe que está se movendo na direção certa. Pode ver que a chama está ali, só um pouquinho mais e chegará lá. Assim, mesmo que alguém tenha perdido – e a maioria das pessoas perde –, a meditação pode lhe trazer essa experiência. Mas é um pouco difícil – simplesmente porque não existe a experiência anterior para apoiá-lo.

Por essa razão, criei comunidades ao redor do mundo nas quais muitas pessoas meditam. Alguém está à sua frente, alguém está atrás de você, alguém está muito à frente. Isso lhe dá um enorme encorajamento, pois não há necessidade de se preocupar: as pessoas estão caminhando, as pessoas estão chegando ao ponto. E, se acontecer de você ter um guia que chegou, apenas a presença dele, o amor dele, o manterá encorajado. Haverá momentos em que você vai pensar que é inútil, mas ele continuará o encorajando: "Não se preocupe, siga um pouco mais".

Há uma linda história na vida de Buda. Ele está a caminho de uma aldeia – estão muito cansados, andaram o dia todo. Seu discípulo, Ananda, pergunta a um aldeão que está trabalhando no campo: "Quanto falta para chegar à aldeia?". O aldeão responde: "Não muito, só três quilômetros e você chegará". Eles reúnem coragem novamente e começam a andar. "Só três quilômetros? Tudo bem". Andaram o dia todo – três quilômetros não são nada, podem fazer isso. Mas três quilômetros se passaram e nada de aldeia.

Eles se encontram com outro aldeão, que está levando suas vacas para o campo, e perguntam: "Quanto falta para chegar à aldeia?". Ele responde: "Muito perto, só três quilômetros". Ananda diz a Buda: "Esses aldeões são muito estranhos! O outro disse três quilômetros, e andamos três quilômetros. Este homem também está dizendo três quilômetros, mas agora não acredito que chegaremos à aldeia". Então Buda diz: "Serão três quilômetros". Eles andam mais três quilômetros e, de novo, nada de aldeia.

Encontram uma velha senhora sentada na beira da estrada e perguntam a ela. A velha responde: "Está muito perto. Estou só descansando, mas estou indo para lá – é só ir em frente. São só três quilômetros". Ananda diz: "Essa aldeia está cheia de mentirosos. Percorremos nove quilômetros e ainda faltam três!".

Buda diz: "Ananda, você não sabe o que está falando. Eu sei, porque isso é o que tenho feito a vida toda. Sempre que algum dos meus discípulos pergunta: 'Quanto falta?', digo: 'Só três quilômetros!'".

E as qualidades de um homem maduro e de uma mulher madura?

A experiência orgástica é a qualidade básica da maturidade. É por isso que há muito poucos homens e mulheres maduros na Terra.

Você pode sugerir um método simples de meditação para os amantes, para que possam encontrar o caminho?

O método mais simples para os amantes é fazer amor como uma experiência sagrada.

As religiões destruíram a sacralidade do amor. Elas o condenaram como pecado. E o condicionamento foi tão profundo na mente humana que as pessoas estão fazendo amor com muita pressa, como se quisessem terminá-lo o mais rápido possível. Naturalmente, se é um pecado, é melhor terminar logo! Seus corações estão cheios de culpa, suas mentes, completamente cheias de pecado.

Se os amantes querem fazer do amor uma experiência meditativa, então a primeira coisa é deixar de lado a ideia de que é um pecado, de que é algo errado. É algo imensamente belo, um tremendo presente da natureza, da existência, pelo qual você não deve se sentir culpado, e sim grato. E, para mostrar sua gratidão, precisa criar um lugar especial para isso.

Cada casa e cada casal que puder deve ter um espaço reservado só para o amor: nenhuma outra vibração ali – sem brigas, sem discussões, sem travesseiros jogados. Devem entrar no ambiente depois de tomar banho, como se estivessem entrando em um templo. A sala deve estar com um belo incenso aceso, não deve haver luzes ofuscantes, apenas velas, luz fraca.

E não podem estar com pressa, porque as preliminares são imensamente importantes, pela simples razão de que o corpo inteiro da mulher é erótico. O homem não tem o corpo todo erótico, sua sexualidade é local, limitada à genitália. Mas todo o corpo da mulher é erótico e, a menos que todo o corpo dela comece a latejar de alegria, em êxtase, ela não terá qualquer experiência orgástica. Se o homem brinca o suficiente com o corpo da mulher, a mulher brinca o suficiente com o corpo do homem... e a técnica de meditação é a seguinte: enquanto você brinca com o corpo do outro, permaneça uma testemunha não identificada. Então há quatro pessoas, não duas: a mulher e a testemunha interna, o homem e a testemunha interna. A testemunha está simplesmente observando o que o homem está fazendo com a mulher, o que a mulher está fazendo com o homem. A testemunha não tem juízo de bem e mal, é simplesmente como um espelho, mostrando o que está acontecendo.

Esse testemunho nada mais é do que percepção, atenção, consciência. E, particularmente nas preliminares, se você estiver consciente e alerta, haverá a possibilidade de ambos saberem o momento exato em que seus corpos estão prontos para fazer amor. Vocês sentirão a bioeletricidade dos corpos um do outro.

Quando começar a fazer amor, não tenha pressa. Deixe a mulher ficar sempre por cima. A posição do missionário é a pior em todo o mundo. No Oriente, antes de os cristãos chegarem, ninguém sabia que o homem podia ficar em cima da mulher. É tão brutal, é tão feio. A mulher é delicada, e um animal enorme fazer flexões sobre ela? Na Índia isso é chamado de "posição do missionário" porque só ficou conhecida quando os missionários chegaram à Índia. Eles fizeram a Índia saber que essa posição também era possível. Caso contrário, a mulher estaria sempre em cima. E, cientificamente, é correto que a mulher esteja por cima, porque assim ela poderá ser mais ativa e o homem, menos ativo. Se o homem estiver por cima, a mulher não poderá ser mais ativa; o homem é mais ativo. Se ele for mais ativo, chegará à ejaculação muito rápido, e a mulher ainda não chegou ao ponto em que pode ter um orgasmo. Se a mulher estiver por cima e for ativa, e o homem permanecer inativo, há toda a possibilidade de, quando a mulher chegar ao orgasmo, o homem também chegar ao orgasmo. E se ambos chegam ao orgasmo ao mesmo tempo, ocorre um tremendo encontro e uma fusão, como se os corpos desaparecessem e as duas almas já não fossem duas almas, dois seres já não fossem dois seres.

E o testemunho continua. Esse é o seu trabalho interior de meditação: você está testemunhando.

Depois que o orgasmo chegar e ir desaparecendo lentamente, observe. Observe quando está crescendo, observe enquanto explode, observe como começa a se acomodar novamente até o estado normal de seus corpos. Não tenham pressa em se afastar um do outro, permaneçam juntos por um tempo. No Tantra isso é chamado de "orgasmo do vale". É desconhecido por milhões de pessoas. O primeiro orgasmo foi o orgasmo de pico: vocês se encontraram em um pico de energia. Então o pico desapareceu, mas cada pico tem um vale ao lado – sem um vale, não pode haver pico. Então, se puderem permanecer em silêncio assistindo, ficarão surpresos: há outro orgasmo com uma beleza totalmente diferente, uma profundidade diferente, uma alegria diferente – o orgasmo do vale.

Até que o orgasmo do vale desapareça e vocês voltem ao normal, não se afastem. Enquanto isso, o testemunhar deve seguir ininterruptamente. Quando se separarem, não comecem a adormecer. Algo muito essencial ainda está ali, e esse é o pós-sexo. Vocês causaram tanta agitação na energia dos corpos e mentes um do outro que isso é necessário. Massageiem o corpo um do outro, brinquem com o corpo do outro. Usem um belo incenso, flores, luz de velas, música... Se você gostar de dançar, dance. Mas que o testemunhar continue.

Por que estou insistindo em que o testemunhar continue? Estou enfatizando porque, se fizer isso muitas vezes, um dia poderá tentar apenas testemunhar sem o seu homem, sem a sua mulher – sozinho. Na mesma sala, na mesma atmosfera, com o mesmo incenso que cria as mesmas memórias, a mesma luz, o mesmo ambiente, você começa simplesmente a testemunhar, sentado ali. E terá uma grande surpresa. Tudo o que vem acontecendo com a mulher ou com o homem começa a acontecer dentro de você, sem a mulher ou sem o homem. Você começará a se mover lentamente para o orgasmo de pico – a mesma experiência sem nenhuma expressão física ou biológica – e alcançará o orgasmo do vale, a mesma experiência. Você aprendeu a meditação através do amor e também aprendeu o amor através da meditação; eles continuarão se enriquecendo.

Isso trará maturidade para as duas pessoas, e a maturidade liberará sua inteligência reprimida, sua consciência, seu amor e sua compaixão. E destruirá a inveja, a raiva e o ódio. Trará enormes mudanças para você. Essas mudanças serão a prova de que você está no caminho certo.

3.
Aprisionado pela mente

Não posso lhe dizer o que é o amor, mas posso lhe dizer como encontrar sua alma. Esse é todo o meu trabalho: ajudá-lo a meditar, ajudá-lo a se tornar mais consciente e alerta para que lentamente, lentamente, comece a ver que você não é apenas o corpo, que não é apenas a mente, que há algo oculto por trás de tudo, a sua vida real. E assim que você tomar consciência de sua vida real, de seu ser, você saberá que a alegria de ser está transbordando tanto que quer compartilhar isso com outra pessoa que esteja receptiva, que esteja disponível, que esteja pronta para abrir o coração.
O encontro de duas consciências é amor.
Descubra sua consciência e descobrirá o que é o amor. É uma experiência, e não há outro modo de dizer algo sobre isso além daquilo que eu disse. O encontro de duas consciências que se fundem traz o maior orgasmo que o universo permite.
Mas, antes disso, você tem de se afastar do corpo, da mente e do coração, e alcançar o centro do seu ser. Depois de alcançar o centro do seu ser, encontrará o amor irradiando de você. Não é algo para ser feito por você. Será como se o sol nascesse, as flores se abrissem e o ar se enchesse com sua fragrância.
O amor é um subproduto da meditação.
Somente quem medita sabe o que é o amor.

O poder do amor

Grande parte da minha mente católica está tensa com a luta por poder, aprovação, amor e sexo. A meditação provoca a frustração. Você pode falar sobre isso?

A mente, qualquer tipo de mente – católica ou comunista, judia ou jainista – é igual. A mente é uma doença, e toda mente cria uma prisão ao seu redor. Há diferentes tipos de prisões. Suas arquiteturas são diferentes, são feitas de materiais diferentes. Algumas são feitas de pedra, outras, de tijolo, outras ainda, de madeira, e assim por diante, mas não importa. O material não é importante – você está preso. Uma mente católica tem conceitos diferentes, uma mente hindu está enraizada em uma ideologia diferente, mas toda mente precisa de uma ideologia. Mesmo o ateu vive em uma prisão, embora não acredite em Deus. Ele acha que é um descrente – mas não é. Sua descrença é sua crença. Ele descrê fanaticamente da mesma maneira fanática que os crentes creem, às vezes até mais fanaticamente. As pessoas que acreditam em Deus só se lembram de Deus de vez em quando, talvez aos domingos – é uma religião dominical –, mas o ateu continuamente argumenta contra Deus. Ele se lembra continuamente de Deus.

Há uma história muito bonita nas escrituras indianas:

Quando Narada, um devoto, um grande devoto, estava morrendo, Deus apareceu para ele. Essas coisas costumavam acontecer no passado. Hoje não acontecem mais. E Deus lhe perguntou, se pudesse ter algum desejo realizado na próxima vida, o que desejaria.

Ele respondeu: "Quero nascer ateu".

Aprisionado pela mente

Até Deus ficou intrigado. Lembre-se de que essas coisas costumavam acontecer no passado. Agora não acontecem mais. Deus disse: "O quê? Você quer ser ateu? Um grande devoto, um homem tão crente e religioso que canta e entoa meu nome?".

Narada disse: "Sim, porque, apesar de eu ser um devoto, continuo a esquecê-lo, mas tenho visto ateus que nunca se esquecem do senhor. É por isso que quero ser ateu da próxima vez, para que eu possa me lembrar do senhor continuamente. Não quero me esquecer do senhor nem por um instante. Agora o senhor é apenas um dos itens em minha mente. Mas para o ateu o senhor parece ser todo o seu coração – embora ele o negue, ele se lembra do senhor. Então me dê apenas uma bênção: que eu possa nascer ateu para poder falar do senhor continuamente".

Essa história é linda. Diz de maneira muito simbólica que o ateu e o teísta não estão em barcos diferentes.

O comunista continua argumentando contra Deus. Ele não tem negócios com Deus, nada a ver com Deus. Como Karl Marx estava preocupado com Deus? Deus não entra em foco no que diz respeito à economia, não é uma teoria econômica nem nada disso. Mas Marx era obcecado, continuamente obcecado. Repetidamente negava a Deus, como se Deus o estivesse assombrando.

Estes são todos fanáticos. Crentes, descrentes, hindus, muçulmanos, cristãos – todos são fanáticos. E o fanático nunca olha para os fatos, por isso é fanático. O credo dos fanáticos é: "Estamos certos e não nos distraímos com os fatos – seja o que for que os fatos digam, eles estão fadados a estarem errados". O credo dos fanáticos é: "Já concluímos o que é verdade. Agora, os fatos têm de se adequar ao nosso credo, não o contrário". Todas essas ditas ideologias criaram pessoas muito incapacitadas.

É claro que a mente católica é uma das mentes mais incapacitadas e paralisadas do mundo porque é repressiva – e, sempre que você reprime algo, fica feio. Tudo o que é reprimido permanece ali. Não só permanece ali, torna-se a cada dia mais poderoso. Acumula energia.

Se você o expressar, ele evapora. Por exemplo, um homem que se irrita de maneira comum, como todo mundo – se você o insultar, ele fica irritado – não é uma pessoa perigosa, porque nunca acumulará tanta raiva a ponto de ser perigoso. Mas um homem que segue reprimindo a raiva está sentado em um vulcão. Qualquer dia o vulcão poderá entrar em erupção. E ele cometerá suicídio ou assassinato – menos do que isso não vai acontecer.

É por causa das religiões repressivas que há muita pornografia no mundo. A pornografia existe por causa dos padres, não por causa da *Playboy*. Na verdade, a *Playboy* é apenas subproduto dos sacerdotes. Há muita pornografia simplesmente porque muito sexo foi reprimido e ele quer encontrar um caminho, algum canal de saída. Quando você reprime o sexo, ele começa a encontrar formas pervertidas. Pode se tornar uma jornada política – é sexualidade, nada mais, sexualidade reprimida. É por isso que em todos os exércitos do mundo o sexo é reprimido. E os soldados americanos têm estado em dificuldades pela simples razão de que é a primeira vez que qualquer exército recebe algum tipo de válvula de escape sexual. Soldados americanos não podem vencer, sua derrota é certa. O que quer que façam, independentemente do lugar para onde forem, serão derrotados pela simples razão de que os soldados americanos são um fenômeno novo no mundo – não são sexualmente reprimidos. Eles não podem ganhar contra os russos – não poderiam nem mesmo ganhar contra os vietnamitas. O pobre vietnamita derrotou uma das maiores potências mundiais que já existiu na história do homem pela simples razão de que, se o sexo for reprimido, então um homem é muito perigoso, realmente perigoso – está fervendo por dentro. Ele quer bater forte, quer ser violento. E a pessoa que está sexualmente satisfeita não está de verdade interessada em matar. De fato, todas as pesquisas sobre os exércitos americanos mostram que pelo menos 30% dos soldados não usaram suas armas na guerra; 30% é uma grande porcentagem! E se 30% dos soldados não usam suas armas, simplesmente vão todos os dias para o *front* e voltam sem matar ninguém, como vão ganhar? Não estão interessados em matar, não há desejo de matar.

    O desejo de matar surge somente se o sexo for muito reprimido. É um fato estranho que sempre que uma sociedade é próspera, rica e sexualmente livre, ela é destruída por sociedades pobres, atrasadas e repressivas. Esse foi o destino da civilização grega; esse foi o destino da civilização romana; esse foi o destino da civilização hindu e esse será o destino da civilização americana. É muito estranho que, quanto mais uma sociedade evolui, mais fica vulnerável a ser facilmente destruída pelos menos evoluídos, porque os menos evoluídos são mais reprimidos – são mais tolos, mais estúpidos, continuam ouvindo os sacerdotes. Estas são as pessoas tolas, mas essas pessoas tolas são pessoas perigosas. Podem derrotar qualquer um porque reprimirão a sexualidade, e a energia reprimida será tanta que estará pronta para explodir. Qualquer desculpa será suficiente.

Essas são as pessoas responsáveis por todos os estupros no mundo. Esta é a experiência das minhas mulheres *sannyasins* na Índia. É realmente um sacrifício estar aqui comigo, porque, onde quer que vão, serão vigiadas pelos chamados hindus religiosos e cultos com olhos tão gananciosos, como se essas pessoas estivessem lá apenas para dilacerá-los. E, sempre que têm alguma chance, eles as atingem, as empurram, fazem todas as coisas feias possíveis. Mulheres foram molestadas, estupradas. E esses são os grandes hindus, as grandes pessoas religiosas, as grandes pessoas espirituais do mundo! Mas é natural. Não vejo nenhuma contradição. Isso é repressão – se surge qualquer chance, isso vem à tona.

Você me diz: "Grande parte da minha mente católica está tensa...". Não pode ser diferente. Você terá de largar isso, com essa raiz e tudo. Você não pode manter nada disso. Não tente manter nada porque tudo está contaminado.

Você diz: que sua mente "está tensa com a luta pelo poder...". Ela está fadada a estar. Se o sexo for reprimido, ele começará a se mover para outras dimensões. Torna-se um grande desejo de poder. Se o sexo for reprimido, você começará a pedir aprovação. Isso é um pobre substituto para o amor, para a apreciação. E agora que você está aqui, está se tornando consciente de que há uma grande necessidade de amor, mas você tem medo – sua mente católica é contra o amor. A mente católica diz: "Ame somente a Deus". Agora, como você pode amar a Deus? Isso é pura tolice. Você tem de amar os seres humanos, essa é a única maneira de amar a Deus. Amor incondicional, amor sem exigências. Mas você tem de amar as pessoas que o cercam – estas são as formas disponíveis de Deus. Você não pode amar o amorfo. "Ame a Deus", dizem eles, "e evite o homem". Agora estão ensinando a freiras, "Ame a Cristo"; e as freiras são chamadas de "noivas de Cristo". Que absurdo! O homem nunca foi casado e agora tantas freiras são casadas com o pobre homem: "Noivas de Cristo". E depois, claro, elas começam a imaginar, a projetar, e então a mente começa a pregar peças nelas.

Se você olhar para a história dos mosteiros e conventos na Idade Média, ficará surpreso. Há milhares de casos no registro de que freiras foram violadas pelo diabo e por seus discípulos. Não só isso, as freiras até engravidavam falsamente. Que imaginação! Quando uma mulher imagina, pode imaginar coisas maravilhosas. Os homens não conseguem imaginar, mas as mulheres conseguem realmente imaginar coisas. Mulheres confessaram nos tribunais. E o que esses tribunais estavam fazendo? Esses tribunais consistiam em bispos, arcebispos e papas. Esses tribunais perguntavam sobre detalhes; na verdade, estavam aproveitando ao máximo os detalhes de como o diabo fazia amor com as freiras. Se você entrar nos detalhes, vai achá-los mais pornográficos e mais obscenos do que qualquer coisa escrita. Elas tinham de confessar, e confessaram coisas estranhas: que o diabo veio à noite e fez amor com elas, e elas estavam absolutamente impotentes e incapazes... não podiam fazer mais nada. O que poderiam fazer quando o diabo vinha e tomava posse delas? Todos os tipos de perversões sexuais surgiram dos mosteiros. O sexo nunca teria se tornado pervertido se não fosse pelos mosteiros e conventos. E o mundo inteiro é dominado por um ou outro tipo de repressão.

Você tem de abandonar essa mente inteira. Você diz: "A meditação provoca frustração". Isso provocará frustração. Não tem nada a ver com meditação; a meditação simplesmente traz a realidade para você, e esse encontro é que é frustrante. Ao ver a feiura de sua própria mente, você se sentirá frustrado. Mas não se preocupe. A meditação está trazendo tudo o que está reprimido em você. Você terá de passar por isso. Se você sabe o que está lá, então poderá descartar. Se não sabe, como poderá abandonar? Antes que algo possa ser descartado, deve ser conhecido, bem compreendido. Na verdade, entendê-lo perfeitamente é a única maneira de abandoná-lo.

E, no dia em que abandonar sua mente como um todo, você está libertado dos sacerdotes. Os sacerdotes são as pessoas mais astutas do mundo e as mais tolas também, porque somente as pessoas tolas são astutas. Pessoas inteligentes nunca são astutas. Não precisam ser astutas – a inteligência é suficiente. Quando você não é inteligente, tem de ser astuto para compensar. Tem de aprender os caminhos da astúcia. Mas, lembre-se, todos esses sacerdotes

– católicos ou protestantes, hindus ou muçulmanos –, todos esses aiatolás e todos esses mulás e todos esses especialistas são pessoas estúpidas, mas dominaram a humanidade e a reduziram a uma grande massa de estupidez. Saia disso!

A meditação está fadada a sacudir tudo isso que lhe foi feito por séculos, e isso não pode ser evitado. Se quiser evitá-lo, você permanecerá o mesmo.

Terá de passar por essa dor de ver todas essas coisas feias que estão em você. Mas é melhor vê-las e percorrê-las para alcançar seu núcleo mais íntimo, de modo que possa encontrar sua inteligência intrínseca, que possa encontrar sua consciência perdida. Uma vez libertado dos sacerdotes, você estará livre da estupidez. Então você não será nem católico nem cristão nem hindu nem muçulmano. Será simplesmente um ser humano, e uma grande beleza surgirá em você.

Um padre católico entrou em uma loja de animais para comprar um papagaio. Mostraram-lhe um especialmente bonito, de cuja aparência ele gostou muito, mas que o deixou intrigado por causa das duas correntes que tinha amarradas aos pés.

"Para que elas servem?", perguntou ao gerente da loja de animais.

"Ah, bem, padre", veio a resposta, "essa é uma característica muito incomum desse papagaio em particular. Sabe, ele é um papagaio treinado, padre, pertencia a um circo. Se você puxar a corrente no pé esquerdo, ele diz 'Olá', se puxar a do pé direito, ele diz 'Adeus'".

"E o que acontece se eu puxar as duas correntes ao mesmo tempo?"

"Eu caio do meu poleiro, seu idiota!", gritou o papagaio.

Até os papagaios são muito mais inteligentes que seus sacerdotes, seus políticos e do que as pessoas que os dominam. Livre-se delas.

A meditação é o processo de se livrar de todo o passado, de se livrar de todas as doenças, de se livrar de todo o pus que se acumulou em você. É doloroso, mas é purificador, e não há outro modo de purificá-lo.

Por que todos querem se provar e se afirmar? Qual é a psicologia por trás da demonstração e da autoafirmação?

A psicologia por trás da assertividade, por trás da demonstração, é muito simples. Toda criança, desde o início, é informada de que não é o que deveria ser. É disciplinada, recebe mandamentos, e tem de cumpri-los. Se ela não consegue, começa a se sentir inferior. Parece que os outros os cumprem, só ela não consegue. E o complexo de inferioridade é distúrbio mental básico da qual surgem muitas doenças.

Nenhuma criança nasce com complexo de inferioridade. São os pais, os professores, os sacerdotes, a sociedade e a cultura os responsáveis por criar o complexo de inferioridade na criança. E a única maneira de a criança se livrar disso parece ser provando que é digna segundo as expectativas dos outros. Isso cria uma situação muito triste. Ela não está crescendo em direção ao próprio potencial, está seguindo as diretrizes dadas pelos outros.

Ela se tornará alguém distante de sua natureza. Nunca será feliz. A tristeza será sua sina. Ela poderá conseguir se afirmar; poderá não conseguir provar que é digna, ou poderá conseguir provar que é – qualquer que seja o caso, a tristeza será o resultado final.

Se ela se mostrar digna aos olhos dos outros e se tornar respeitável, irá sorrir – mas em seu ser não haverá flores brotando. Vai mostrar que é digna, mas no fundo sabe que se traiu. Cometeu o pior crime possível: traiu a própria natureza. Foi contra a existência e ouviu todos os tipos de idiotas.

Se for bem-sucedida, então será infeliz. Se não for, claro que será infeliz. Ela falhou. Os outros estavam certos, ela é basicamente inferior, não pertence à classe mais alta, pertence à mais baixa. Isso dói – porque nenhum indivíduo é maior e nenhum indivíduo é menor.

Não quero dizer com isso que todos são iguais. Não sou comunista. O comunismo, para mim, está desatualizado. Está tão morto quanto o cristianismo, o budismo e o islamismo. Minha abordagem é totalmente diferente.

No passado, essas eram as duas únicas alternativas: ou os homens são iguais – a igualdade de todos os seres humanos – ou as pessoas são desiguais. Tenho uma terceira alternativa: as pessoas são únicas, incomparáveis. Não podem ser comparadas, então como dizer quem é inferior e quem é superior? A flor de calêndula é inferior à rosa? Mas como decidir? São únicas em suas individualidades. A existência produz apenas indivíduos únicos, não acredita em cópias em carbono. Portanto, a questão da igualdade ou da desigualdade não surge. Eu a corto pela raiz.

Há uma história grega.

Um rei louco tinha uma casa muito bonita construída apenas para hóspedes, e havia feito uma cama de ouro. Quando o hóspede entrava na casa, não podia acreditar – os hóspedes também eram reis – que receberia tão calorosa recepção, tanto respeito e honra: "E as pessoas pensam que este homem é louco?! Ele não é". Mas logo descobriam que ele era.

Sua loucura era tal que o hóspede tinha de encaixar no comprimento da cama. Se fosse maior, teria de ficar menor – uma pequena parte de suas pernas seria cortada. Se fosse menor – acho que o homem foi o inventor da tração –, o rei tinha lutadores muito grandes que puxariam o hóspede de ambas as extremidades para fazê-lo se adequar ao tamanho da cama. Se ele morresse ou vivesse, não importava. O que importava era o tamanho da cama! A maioria dos homens morria.

Essa ideia de tornar todos iguais, cortá-los do mesmo tamanho – econômica e pedagogicamente, de outras formas –, é um absurdo, porque a desigualdade aparecerá em outras dimensões. As pessoas não são igualmente bonitas – então, amanhã, a cirurgia plástica tem de torná-las igualmente belas. Sua cor não é a mesma – então, algum dia, precisam receber injeções com pigmentos para ficarem com a mesma cor.

Tudo é único. Você não consegue encontrar duas pessoas iguais – e o comunismo tem a ideia de que toda a humanidade tem de ser igual! Intelectualmente, você não pode torná-la igual. O gênio de um músico e o gênio de um matemático são de mundos totalmente diferentes. Se você quiser que sejam iguais, então terá de destruir os pontos altos, os picos de gênio, e reduzi-los ao menor denominador. Então, o comunismo se tornará o maior massacre ocorrido com a humanidade em toda a história.

Eu defendo a singularidade do homem.

Sim, devem ser dadas oportunidades iguais para que cada pessoa seja ela mesma. Em outras palavras, cada pessoa deve ter a mesma oportunidade para ser desigual, ser única. As oportunidades podem ser dadas, mas o matemático deve se tornar um matemático e o músico deve se tornar um músico. No entanto, nenhuma sociedade até agora permitiu ao indivíduo sua liberdade.

Se você acha que é livre, está simplesmente vivendo em uma ilusão. A humanidade só será livre no dia em que o complexo de inferioridade deixar de ser produzido em crianças; do contrário, a liberdade é apenas hipocrisia. Os outros estão tentando fazer de você uma marionete. Toda a minha vida tive esse problema…

As intenções dos pais não são ruins, as intenções dos professores não são ruins. Nunca suspeito de suas intenções – mas suspeito de sua inteligência. Suspeito de seu entendimento da natureza humana, seu crescimento e suas possibilidades.

Quando estava indo para a universidade, toda a minha família ficou agitada. Um queria que eu fosse médico, outro queria que eu fosse cientista, e outro, ainda, que eu fosse engenheiro. Escutei todos, e disse: "Ninguém quer que eu seja eu mesmo. E vocês acham que todos desejam o bem!

Nem uma única pessoa em toda a família" – e na Índia a família é um fenômeno de união. Minha família consistia de cinquenta, sessenta pessoas – "nenhum de vocês disse: 'Queremos que seja apenas você mesmo'. Por que querem impor suas ideias a mim? Que direito vocês têm? Se estão tão interessados em medicina, vão, tornem-se médicos! Mas por que eu deveria realizar seus desejos? Vocês estão me fazendo de marionete, de instrumento. E simplesmente digo não para todos da família. Farei o que quiser fazer. Estudarei filosofia".

Todos riram. Disseram: "Estudar filosofia? Então continuará pobre por toda a vida".

Retruquei: "Pelo menos terei a satisfação de ter feito minha escolha, de ter sido independente em tudo que fiz, pois ninguém me manipulou. Tornar-me um médico rico ou um cientista rico não será um contentamento para o meu coração. Sempre lembrarei que é a jornada de outra pessoa – que fui forçado a fazer isso! Mesmo o seu Prêmio Nobel não me dará o contentamento e a alegria que vêm da liberdade".

Eu sabia o que eles fariam, então disse: "Sei o que vocês têm em mente. Vocês dirão: 'Então, siga seu caminho, mas não vamos apoiá-lo financeiramente'". Eu disse: "Isso está claro. Não me ressinto disso. Não sigo o conselho de vocês – não tenho o direito de aceitar o apoio financeiro de vocês. Mesmo que vocês me deem, não vou aceitar".

Por dois anos tive minha renda – trabalhando à noite, estudando de dia. Meu pai ficou muito triste e lamentou muito. Muitas vezes ele chegava e me dizia: "Esqueça isso.

Aprisionado pela mente

Você está destruindo sua saúde, não tem tempo para descansar, não tem uma vida disciplinada".

Finalmente ele veio, chorou e decretou: Se você não aceitar meu dinheiro todo mês, eu me sentarei aqui, jejuarei e não vou me mover".

Eu disse: "Isso faz sentido. Você finalmente aceitou e respeitou meu desejo. Esses dois anos não foram em vão". Era incômodo, não era confortável: correr 24 horas por dia – e só de vez em quando, quando tinha tempo, dormir e comer.

Ele falou: "Nós sentimos muito. Não achamos que iria tão longe".

Observei: "Lembre-se. Sempre que faço alguma coisa, faço de verdade".

Quando voltei da universidade, todos, exceto meu pai, perguntaram: "Agora, o que você vai fazer?".

Respondi: "Vocês não precisam se preocupar. Já tenho uma indicação para professor de filosofia em uma universidade". Como durante seis anos provei meu amor pela filosofia, minha visão da filosofia, meu talento para enxergar suas complexidades, todos os professores da minha universidade e o vice-reitor queriam que eu, imediatamente após acabar o mestrado, me tornasse professor na universidade.

Eu disse: "Não importa... Se quiserem fazer algo de verdade, vocês podem transformar desertos em oásis. Vocês podem transformar a vida de um mendigo na vida de um imperador. A questão toda é que, dentro de vocês, não poderá haver complexo de inferioridade. E vocês não conseguiram criar isso em mim".

Nunca me provei superior a ninguém. Nunca fui assertivo nesse sentido, de dominar. Mas comecei a falar com eloquência muito cedo, quando estava no ensino médio, e o diretor ficou impressionado. Ele não podia acreditar que um aluno pudesse falar daquela maneira.

Então discursei continuamente durante toda a minha carreira universitária. Ganhei tantas medalhas, troféus e competições interuniversitárias por toda a Índia que minha mãe começou a me perguntar: "Onde vamos manter todas essas coisas que você não para de trazer?". Mas não aprendi a falar na escola nem em curso de oratória. Nunca li um único livro sobre como falar, simplesmente porque quero ser apenas eu mesmo. Por que deveria ler o livro de outra pessoa? Posso falar do meu jeito.

E qual é o problema? Todos falam, e todos falam lindamente. Mas algo acontece. Se você for levado à tribuna diante do microfone, algo estranho acontece. Você se esquece de como falar – o que você tem feito desde a infância. Em pé diante de uma plateia de milhares de pessoas, com tantos milhares de olhares em sua direção, você fica com medo de não conseguir ter um desempenho que atenda às expectativas. Em algum lugar, seu complexo de inferioridade lhe causa problemas. Caso contrário, é a mesma coisa se você estiver falando com uma pessoa ou com um milhão de pessoas.

Se você está limpo por dentro, sem feridas de inferioridade, então o que importa o que as pessoas esperam de você? Você nunca atendeu às expectativas de ninguém. Você simplesmente vive sua vida de acordo com sua própria percepção, intuição e inteligência. E é assim que deve ser. Um ser humano saudável não terá complexo de inferioridade.

E o outro lado da história é que, se você não tem complexo de inferioridade, nunca tentará ser superior. Não haverá necessidade de ser superior a alguém, dominar alguém, tirar vantagem de alguém, controlar alguém – você nunca se tornará um político.

Somente pessoas que sofrem de complexo de inferioridade são atraídas pela política. A própria atração pela política garante isso, esse é o problema. Qualquer um que seja atraído pela política deve ser logo tratado psicologicamente. Todos os políticos estão doentes, sem exceção. A menos que estejam doentes, não estarão na política.

Uma pessoa que não deseja ter poder sobre os outros, de provar ser alguma coisa... porque não há necessidade! Ela está viva, está respirando, está fazendo a sua parte, isso é prova suficiente. É sua assinatura. Certamente é sua assinatura, não de outra pessoa.

E, lembre-se, se até sua impressão digital é única no mundo inteiro, imagine todo o seu ser? Se a natureza não cria dois polegares iguais... Quanto cuidado! Nem mesmo por engano dois polegares têm as mesmas linhas – e há mais de 7 bilhões de pessoas na Terra!

Ser é tão significativo que é insubstituível.

Você é só você.

Faça algo que surja de você – não para se afirmar, mas para se expressar! Cante sua música, dance sua dança, alegre-se em ser o que a natureza escolheu que você seja.

Podemos destruir o complexo de inferioridade, é muito simples: os professores e os pais só precisam estar conscientes de não se imporem às crianças indefesas. E em apenas duas décadas a nova geração estará livre do complexo de inferioridade. Com isso irá embora toda a política, todos os presidentes e todos os primeiros-ministros. E o fim deles será um grande alívio!

As pessoas expressarão sua criatividade. Haverá músicos, haverá dançarinos, haverá pintores, carpinteiros. Haverá todo tipo de criatividade no mundo inteiro. No entanto, ninguém estará competindo com ninguém, ele ou ela estará simplesmente fazendo o seu melhor. É sua alegria. A alegria não está em competir, a alegria não está em vir primeiro; a alegria está em fazê-lo. Ela não está fora do ato, é intrínseca ao ato.

Essa é a minha imagem do novo homem. Ele trabalha, mas seu trabalho é sua vida, sua alma. O que quer que faça, não importa.

Eu me lembro de Abraham Lincoln. Quando se tornou presidente dos Estados Unidos, seu pai era sapateiro. Naturalmente, as pessoas egoístas ficaram muito ofendidas porque o filho de um sapateiro tinha se tornado presidente. Elas eram aristocratas, muito ricas, e achavam que era seu direito inato estar no posto mais alto. O filho de um sapateiro?

No primeiro dia, quando Abraham Lincoln entrou para fazer o discurso de posse presidencial, bem no meio do público, um homem se levantou. Era um aristocrata muito rico. Ele disse: "Sr. Lincoln, o senhor não deve esquecer que seu pai costumava fazer sapatos para minha família". E todo o Senado riu. Acharam que o homem tinha feito Abraham Lincoln de tolo.

Mas Lincoln – e esse tipo de pessoa – é feito de uma impetuosidade totalmente diferente. Lincoln olhou para o homem e disse: "Senhor, sei que meu pai costumava fazer sapatos para a sua família, e provavelmente para a de muitos outros aqui... porque da maneira como ele fez sapatos, ninguém mais consegue. Ele foi um criador. Seus sapatos não eram apenas sapatos, ele derramou toda a sua alma neles. Quero perguntar ao senhor, o senhor tem alguma queixa? Porque sei fazer sapatos. Se tiver alguma queixa, posso fazer outro par. Mas sei que ninguém nunca se queixou dos sapatos do meu pai. Ele era um gênio, um grande criador, e tenho orgulho do meu pai!".

O Senado inteiro ficou mudo. Não conseguiam entender que tipo de homem Abraham Lincoln era. Ele transformara a sapataria numa arte, em criatividade. E estava orgulhoso porque o pai fez seu trabalho tão bem que nem uma única queixa foi ouvida. E, embora fosse o presidente dos Estados Unidos, estava pronto para fazer outro par se houvesse alguma queixa.

O homem ficou parecendo um bobo. Lincoln insistiu: "Você tem de falar! Por que ficou mudo? O senhor queria me fazer de idiota, mas, agora, olhe em volta: o senhor fez de si mesmo um tolo".

Não importa o que você faça, o que importa é como você faz – de sua própria vontade, com sua própria visão, com seu próprio amor. Assim, o que você tocar virará ouro.

O poder do amor

Você poderia, por favor, dizer algo sobre a relação entre a espontaneidade e o trabalho sobre si mesmo? Não deveríamos amar tanto quanto pudermos? Se há coisas a serem feitas ou maneiras de aumentar nossa capacidade de alegria, não deveríamos fazê-las? Não devemos abandonar nossos egos? Muitos homens bons escreveram que o amor pode começar como um impulso da vontade, e tentar ser espontâneo parece ser uma contradição. Poderia falar sobre isso?

É preciso trabalhar em si mesmo, mas apenas de maneira negativa. Não se pode trabalhar em si mesmo de maneira positiva, porque não se trata de criar algo, e sim de descobrir algo que já existe.

Quando você pinta, isso é um ato positivo – está criando a pintura –, mas quando cava um poço é um ato negativo. A água já está lá. Você tem apenas que remover algumas camadas de terra, pedras e rochas. No momento em que as remove, a água se torna disponível. A água está lá, você está aqui, e entre os dois há uma barreira: a barreira tem de ser removida. É isso que quero dizer com trabalho negativo.

O homem já tem tudo o que está buscando e procurando. A verdade existe, a felicidade existe, o amor existe – em poucas palavras, Deus existe. Deus não é uma pessoa, Deus é apenas a totalidade dos valores que estão além da mente. Mas a mente é a barreira, e você tem de cavar um poço. Tem de remover algumas camadas de pensamentos, lembranças, desejos, fantasias e sonhos. No momento em que você abre uma porta na mente para o além, tudo o que você sempre quis se torna disponível.

No momento em que Gautama, o Buda, se iluminou, ele riu e disse, a ninguém em particular – disse a si mesmo: "Isso é ridículo! Tenho procurado por isso há milhares de vidas, e isso sempre esteve profundamente dentro de mim!".

O que se busca está em quem busca. Por isso, os Upanishads dizem que o método para encontrá-lo é *neti neti*. *Neti neti* significa "nem isso nem aquilo". É um processo de eliminação. Você continua negando, eliminando. Finalmente, quando não há nada para ser eliminado, nada a ser negado, quando você se esvaziou completamente, aquilo é encontrado.

Então, a primeira coisa a ser entendida é: trabalhar em si mesmo lhe dá a sensação de algum trabalho positivo, e isso está errado. Trabalhar em si mesmo significa simplesmente um processo negativo, é um esvaziamento. E no momento em que você está vazio da mente e de todos os seus processos, a espontaneidade explode. Depois de entender que o processo é negativo, não há contradição entre o processo e a espontaneidade.

A espontaneidade significa simplesmente que agora não há nada que impeça a sua natureza de se expressar. Todas as pedras foram removidas, todas as portas foram abertas. Agora sua natureza pode cantar sua música, pode dançar sua dança.

Uso as duas expressões. Às vezes digo "trabalhe em si mesmo", e às vezes digo "seja espontâneo". E a mente lógica está fadada a encontrar uma contradição, mas não há contradição – porque trabalhar em si mesmo significa *neti neti*, nem isso nem aquilo.

O poder do amor

A espontaneidade não deve ser criada. Se for criada, não será espontaneidade. Então há uma contradição: se for cultivada, não é espontânea, obviamente. Uma espontaneidade cultivada não pode ser verdadeira, será falsa, impostora, pseudo, será apenas uma máscara. Você pode estar simplesmente atuando, não será realmente espontâneo. E não poderá ir muito a fundo, permanecerá apenas como algo pintado do lado de fora. Basta apenas um arranhãozinho para a pessoa supostamente espontânea e cultivada, e toda a sua espontaneidade desaparecer. Ela estava apenas agindo, não era realmente espontânea.

A verdadeira espontaneidade vem do centro, não é cultivada, e por essa razão nós a chamamos de espontaneidade. Não há como cultivá-la, não há como criá-la – o que também não é necessário. Se você quiser se tornar ator, se quiser atuar, então é um assunto totalmente diferente, mas lembre-se: qualquer situação real logo provocará sua mente. Ela virá correndo para a superfície. Toda a espontaneidade desaparecerá.

> Era época de carnaval, e o homem gay se vestiu de leoa. Um caçador que carregava um rifle se aproximou. "Bang! Bang!" Ele fingiu atirar. A leoa caiu morta. A multidão estava se divertindo.
>
> Quando o caçador estava prestes a ir embora, o homem gay tirou a cabeça de leoa e disse, baixinho: "É a lei da selva, querido: se você mata, você come!"

Qualquer coisa cultivada estará apenas na superfície, será só um drama, não sua autenticidade.

Aprisionado pela mente

Por isso, direi que a primeira coisa a se lembrar é de que a espontaneidade deve ser descoberta – ou será melhor dizer *redescoberta*, porque quando você era criança, você era espontâneo. Perdeu sua espontaneidade porque muito tem sido cultivado – tantas disciplinas, tantas moralidades, virtudes, personagens. Você aprendeu a desempenhar tantos papéis que esqueceu a linguagem de ser apenas você mesmo.

A segunda coisa que você pergunta: "Não deveríamos amar tanto quanto pudermos?".

O amor nunca é um "deveria", não pode ser comandado. Você não pode se forçar a amar o máximo que puder. Isso é o que as pessoas estão fazendo, e é por essa razão que está faltando amor no mundo. Desde o início, começamos a tornar a criança falsa, e toda falsidade cria esquizofrenia, cria uma dupla personalidade, cria uma ruptura. Toda criança nasce inteira, mas nós a dividimos em duas. Dizemos a ela o que reprimir e o que expressar. Dizemos o que não deve ser feito e o que deve ser feito; se ela realmente sente isso ou não é irrelevante. E a criança é tão indefesa, tão dependente, tem de ouvir nossas ordens.

Ainda não conseguimos ser democráticos com as crianças – somos ditatoriais. Falamos sobre democracia, mas todo o nosso caminho, nosso próprio padrão de vida, é ditatorial, não democrático. É realmente antidemocrático. A criança não pode ser ela mesma. Começamos a forçá-la a ser outra pessoa. E ela tem de nos seguir porque é uma questão de sobrevivência. Se não nos segue, então está em perigo: não pode viver por conta própria, tem de fazer acordos, e todo acordo é uma falsificação.

Dizemos à criança: "Eu sou seu pai – me ame!", como se, por ser pai, houvesse alguma inevitabilidade natural de que o amor fluísse em sua direção. Se é inevitável, por que dizer? O próprio pedido mostra que não é inevitável. A criança pode amar, pode não amar, vai depender de você, se vale a pena amar ou não. Apenas ser pai não significa nada.

E a instituição do pai é algo inventado pelo homem, não é natural, é institucional. Um dia pode desaparecer, porque houve um tempo em que não existia. Por milhares de anos a humanidade viveu sem a instituição da paternidade. Você pode se surpreender ao saber que a palavra *tio* é mais antiga que a palavra *pai*, porque o matriarcado precedeu o patriarcado. A mãe estava lá, e o pai não era conhecido, porque a mãe encontrava-se e fundia-se com muitas pessoas. Alguém tinha de ser o pai, mas não havia como descobrir. Então todos eram tios – todos os pais em potencial eram tios. Em qualquer língua a palavra *tio* é mais antiga do que a palavra *pai*.

E seria melhor chamar Deus de Tio do que de Pai – é mais doce! Mas o Talmude, a escritura judaica, diz: "Deus não é seu tio, ele não é bom. Se você não o escutar, se não o seguir, ele o jogará no inferno". São exatamente essas palavras: Deus não é bom, Deus não é seu tio.

Digo a você, Deus não é seu pai, e ele é bom, e é melhor chamá-lo de Tio.

A instituição da paternidade surgiu com a invenção da propriedade privada, elas estão juntas. O pai representa a propriedade privada, porque, quando a propriedade privada passou a existir, todos queriam que o próprio filho a herdasse. "Eu não estarei aqui, mas parte de mim tem de herdar minha propriedade." A propriedade privada veio primeiro, depois veio o pai. E para ter certeza absoluta de que "a criança é minha", a ideia de que antes do casamento a mulher tem de ser absolutamente virgem – caso contrário, seria difícil saber – prevaleceu em quase todas as sociedades do mundo. Ela já pode estar carregando uma criança quando se casar, já pode estar grávida, então a criança será de outra pessoa, mas herdará sua propriedade. Para ter certeza de que "é meu filho que vai herdar minha propriedade", a virgindade foi imposta às mulheres.

E você pode ver a diferença: nunca se esperou que o homem fosse virgem. Eles dizem: "Garotos serão garotos" – é permitido –, mas a garota deve ser absolutamente virgem. Todos os tipos de estupidez aconteceram no passado porque antes de se casar a mulher tinha de fornecer provas de que era realmente virgem.

Às vezes, por acidente, pode acontecer de a membrana fina que prova a virgindade de uma mulher estar rompida. Ela pode ter caído ou talvez tenha acontecido numa cavalgada ou algo assim, ou em uma bicicleta... Estas são coisas perigosas, evite-as! Elas são contra a virgindade! A fina membrana que prova que a mulher não foi penetrada sexualmente... no Ocidente, particularmente na Idade Média, se um acidente acontecesse, a garota tinha de ir ao médico para que pudessem colocar uma falsa membrana de volta para provar que ela era virgem, caso contrário não teria um bom marido.

O poder do amor

É toda a ideia de propriedade privada que criou o pai, que criou a família, que criou a propriedade da mulher pelo homem. Se houve um tempo em que não havia pai, nem propriedade privada, chegará o dia em que novamente não haverá propriedade privada – o pai desaparecerá.

Mas o pai insiste: "Me ame – sou seu pai!". E a criança tem de fingir que ama. Não há necessidade de que a criança ame a mãe. É uma das leis da natureza que a mãe tenha um instinto natural de amor pela criança, mas não o contrário – a criança não tem um instinto natural para amar a mãe. Ela precisa da mãe, isso é uma coisa. Ela usa a mãe, isso é uma coisa, mas não há lei da natureza dizendo que ela deve amar a mãe. Ela gosta da mãe porque ela é tão, tão útil... sem ela a criança não pode existir. Então ela é grata, respeitosa – tudo isso está certo –, mas o amor é um fenômeno totalmente diferente.

O amor flui da mãe para a criança, não em sentido contrário. E é muito simples, porque o amor da criança fluirá para o próprio filho, não pode ser o contrário – assim como o Ganges continua fluindo em direção ao oceano, não em direção à nascente. A mãe é a nascente e o amor flui para a nova geração. O sentido contrário é um ato forçado, não natural, não biológico. Mas a criança tem de fingir, porque a mãe diz: "Sou sua mãe – você tem de me amar!". E o que a criança pode fazer? Só pode fingir, então ela se torna política. Toda criança se torna um político desde o berço. Começa a sorrir quando a mãe entra na sala – um sorriso de Jimmy Carter! Não sente alegria, mas tem de sorrir. Tem de abrir a boca e fazer algum exercício com os lábios – isso a ajuda, é uma medida de sobrevivência. Mas o amor está se tornando falso.

E quando ela aprendeu o tipo mais barato de amor, o de plástico, é muito difícil descobrir o original, o real, o autêntico. Então, a criança tem de amar as irmãs e os irmãos, e não há razão realmente. Na verdade, quem ama a própria irmã? E para quê? Todas essas ideias são implantadas para manter a família unida. Mas todo esse processo de falsificação leva a um ponto em que, quando você se apaixona, esse amor também é falso.

Você esqueceu o que é o amor verdadeiro. Você se apaixona pela cor do cabelo – mas, o que isso tem a ver com amor? Depois de dois dias, você não verá a cor do cabelo. Ou se apaixona por uma forma de nariz ou um tipo de olho, mas depois da lua de mel essas coisas se tornam chatas! E então você tem de continuar administrando de alguma forma, fingindo, enganando.

Sua espontaneidade foi corrompida e envenenada, caso contrário você não se apaixonaria por partes. Mas você só se apaixona por partes. Se alguém lhe perguntar: "Por que você ama essa mulher ou esse homem?", sua resposta será "porque é tão bonita" ou "por causa de seu nariz, olhos, proporção corporal", isto e aquilo, e é tudo um absurdo! Então esse amor não pode ser muito profundo e não pode ter qualquer valor. Não pode se tornar intimidade. Não pode ter um fluxo vitalício, e logo secará – é tão superficial. Não surgiu do coração, é um fenômeno mental. Talvez ela se pareça com uma atriz e por isso você gosta dela, mas gostar não é amor.

O poder do amor

O amor é um tipo totalmente diferente de fenômeno, indefinível, misterioso – tão misterioso que Jesus diz: "Deus é amor". Ele torna Deus e amor sinônimos, indefiníveis. Mas esse amor natural está perdido.

E você pergunta: "Não deveríamos amar tanto quanto pudermos?".

Você acha que é uma questão de fazer algo o máximo possível? Não é uma questão de fazer. É um fenômeno do coração. É uma espécie de transcendência da mente e do corpo. Não é prosa, é poesia. Não é matemática, é música. Você não pode fazer isso, você só pode ser isso. O amor não é algo que você faz, o amor é algo que você é. Mas esses "deveres" são pesados em sua espontaneidade.

E você pergunta: "Se há certas coisas a fazer ou maneiras de aumentar nossa capacidade de alegria, não deveríamos fazê-las?".

A ideia toda é *fazer* alguma coisa, e a realidade é descoberta por *ser*, não por fazer. A questão não é fazer algo, e sim ficar em silêncio e descobrir seu ser. Fazer é sempre extrovertido. Claro, se você quiser mais dinheiro, tem de *fazer* alguma coisa. Sentado silenciosamente sem fazer nada, a primavera chega... e o dinheiro não cresce por si só! A grama cresce por si só, mas não o dinheiro. Você terá de fazer muito: terá de correr atrás, terá de lutar por isso, terá de ser agressivo, ambicioso, violento. É um mundo muito competitivo no que diz respeito ao dinheiro. Mas o seu ser não é algo fora de você.

Se você quiser ser presidente ou primeiro-ministro de um país, terá de fazer muito. Tem de estar constantemente fazendo, não há descanso nem paz. E você tem de ser quase insano, porque a luta vai ser dura. A menos que você esteja completamente louco atrás de poder, é impossível chegar lá.

Mas o seu ser não está lá fora e não há ninguém competindo com você pelo seu ser. E ninguém pode entrar em seu ser. Você está sozinho aí. Já é assim, você só tem de se virar, só tem de olhar para dentro. Então, tudo que é necessário é ficar em silêncio, sem fazer nada. Quando não está fazendo nada – fisicamente, mentalmente –, quando está em um intervalo profundo, em uma pausa, toda atividade cessou, então o ser é descoberto. A atividade cria poeira.

> Quando Winston Churchill ficou muito velho, seu médico veio e perguntou: "Como você está se sentindo?".
> Ele estava doente. E respondeu: "Estou chutando, mas não estou criando tanta poeira quanto antes".

No mundo, se você quiser dinheiro, poder, prestígio, precisa chutar e criar o máximo de poeira. Quanto mais você chutar, quanto mais poeira você criar, melhor. Mas, para o mundo interior, você tem de parar de chutar e de criar poeira, para que toda a poeira se assente e você possa ver claramente quem você é.

Então não é uma questão de fazer alguma coisa. A felicidade é a sua própria natureza – apenas descubra o seu ser, e você o encontrará como consequência. Jesus diz: "Buscai primeiro o reino de Deus, e tudo o mais lhe será acrescentado", e ele está certo. "Buscai primeiro o reino de

Deus" – e ele está dentro de você, porque ele repete uma e outra vez: "O reino de Deus está dentro de você".

Então, basta entrar e encontrar sua própria natureza, e, encontrando-a, tudo é encontrado. A alegria é encontrada, a verdade é encontrada, o amor é encontrado, a liberdade é encontrada, a eternidade é encontrada, Deus é encontrado.

E você pergunta: não devemos abandonar nosso ego?

Você está achando que o ego é algo que está carregando e que pode ser abandonado. O ego é apenas uma ilusão, é uma ideia. Não precisa ser abandonado, não pode ser abandonado. Como você pode abandonar uma ideia?

Por exemplo, está ficando escuro à noite e na estrada você vê uma corda, mas ela parece uma cobra. Ora, você pode matar a cobra? Em primeiro lugar, a cobra não está lá! Você pode evitar a cobra? *Em primeiro lugar, a cobra não está lá*. Você pode não ter medo da cobra? Em primeiro lugar, a cobra não está lá, então todas essas coisas são irrelevantes. Tudo que é necessário é um pouco de luz – apenas uma vela servirá –, e você verá que a cobra nunca esteve lá. Foi apenas uma ideia, uma ilusão, uma projeção. Quando encontrar a corda, você perguntará: "Agora, o que fazer com a cobra? Devo abandoná-la? Devo esquecer tudo sobre isso?".

No momento em que descobre seu ser, não há ego encontrado. O ego é apenas uma projeção: assim como a cobra é projetada na corda, o ego é projetado sobre o ser. Você não conhece a corda, por isso a cobra; você não conhece o seu ser, por isso o ego. O ego é não conhecer o seu ser. Não estar ciente de seu ser é exatamente o que é o ego. Portanto, não é uma questão de abandoná-lo.

Mas muitas pessoas tentam abandoná-lo, e o milagre é que até conseguem! Tornam-se humildes. Mas a humildade é outro truque do ego, um truque muito sutil – o ego veio pela porta dos fundos –, porque abandoná-lo simplesmente significa que você não o entendeu, então ele está fadado a vir.

Eu morava em uma cidade em que um homem era muito famoso, quase como um santo, e muitas pessoas me disseram: "Ele é tão humilde!". Finalmente o homem veio me ver. Ele tocou meus pés e disse: "Sou apenas poeira debaixo de seus pés!".

Olhei para ele – seus olhos diziam algo mais, seu nariz dizia algo mais –, então falei: "Posso ver que está absolutamente certo: você é só poeira debaixo dos meus pés!".

Ele disse: "O quê?!". Ficou muito irritado.

Retruquei: "Mas estou simplesmente concordando com você! Não disse nada de minha própria autoria! Você começou e simplesmente concordei, então por que está ficando irritado?".

E continuei: "Agora feche os olhos, sente-se em silêncio e veja o ponto! Esta é apenas outra maneira de o seu ego tentar se realizar. O ego está aí; agora está de cabeça para baixo, fazendo *sirshasana*, de ponta-cabeça. Mas é o mesmo ego. Agora está fingindo ser humilde".

Três monges cristãos se encontraram em uma estrada. Um deles disse:

"No que diz respeito à erudição, nossa seita é a mais erudita, a mais filosófica. Ninguém pode competir conosco em questões teológicas".

O segundo disse:

"Você está certo, mas no que diz respeito às práticas ascéticas, você não está em lugar algum comparado a nós!".

O terceiro riu e disse:

"Vocês estão certos, mas, no que diz respeito à humildade, somos os maiores!".

Agora, humildade... "E somos os maiores!". Mesmo a humildade jogará o mesmo jogo.

Por favor, não abandone seu ego! Entenda o ego, esteja ciente dele, traga a luz da consciência e veja – e você não o encontrará. Não vai encontrá-lo, então não há como abandoná-lo. Não o abandone! Se abandoná-lo, ele voltará de outra forma. Não pode deixar você – é apenas um velho hábito da mente inconsciente.

A situação política em um país sul-americano era muito instável. Os militares estavam preocupados. Eles conseguiram prender o maior fofoqueiro do país e condenaram-no à morte.

O fofoqueiro estava alinhado para a execução em frente a uma parede. Quando gritaram a ordem, "Fogo!", o homem caiu. Depois de alguns minutos, o fofoqueiro percebeu que não estava morto.

O general se aproximou dele e disse severamente:

"Você é tão fofoqueiro que eu fiz isso só para assustá-lo. Essas balas são de festim! Agora espero que tenha aprendido a lição – pode sair"

O fofoqueiro correu apressadamente para a rua, onde foi imediatamente abordado por um amigo:

"Ei, Pablo", perguntou o amigo, "você tem alguma novidade?"
"Bem", disse o fofoqueiro em voz baixa, "não conte a ninguém, mas nosso quartel-general não tem munição!"

Velhos hábitos... eles demoram a morrer!
O ego é apenas um hábito, um hábito de ignorância, de inconsciência – ele retornará. Por favor, não o abandone. Não o alimente, não o abandone, porque nos dois sentidos você o estará salvando. Apenas observe-o, e você não o encontrará.

O bispo recebeu um grande número de reclamações sobre os amargos ataques do Padre O'Reilly aos ingleses em seu púlpito em Londres.

"Você não pode continuar falando com a sua congregação dessa maneira", Vossa Senhoria disse ao padre. "Lembre-se da lei da caridade e do fato de que você vive no país sobre o qual fala tão duramente. Na semana que vem, peço-lhe que faça um sermão sobre a Última Ceia. Com esse tópico, você não poderá ceder a seu preconceito."

O Padre O'Reilly aceitou a repreensão com brandura, mas o bispo compareceu discretamente à missa no domingo seguinte para verificar se tudo corria bem. Ele não tinha motivos para reclamar, e nenhuma vez no decorrer do sermão o padre se referiu ao Insultuoso, Brutal e Maldito Saxão. O bispo notou com satisfação que ele estava chegando ao final de um trecho de instrução religiosa muito bom e inofensivo:

> "... e, depois de ter perguntado a todos os discípulos, chegou a hora de se voltar a Judas", disse Padre O'Reilly. "'Judas', veio a pergunta, 'você me trairia?'."
> O padre fez uma pausa, olhou em volta. "Judas olhou para trás sem piscar uma pálpebra e, em seguida, com a deslealdade característica, respondeu, com seu melhor inglês: 'De jeito nenhum, senhor!'".

Todo o sermão foi bem, mas seu preconceito veio pela porta dos fundos: "Com seu melhor inglês". Ele disse isso – podia até nem estar ciente.

A única coisa a se lembrar é de observar onde está o ego, e você não o encontrará – ninguém jamais o encontrou. Quem o procurou, não o encontrou, e aqueles que tentaram abandoná-lo nunca conseguiram se livrar dele.

Então, você faz a seguinte reflexão: homens bons escreveram que o amor pode começar como um impulso da vontade.

Isso é besteira! O amor nunca pode começar como um impulso da vontade. Vontade significa esforço, vontade significa imposição, vontade significa compulsão, vontade significa disciplina. Vontade significa se forçar a fazer algo contra si mesmo.

O amor não pode começar assim, e, se começar assim, não será amor, e sim outra coisa. E se o começo estiver errado, se o primeiro passo estiver errado, o último passo não poderá estar certo.

Sei que muitos homens bons escreveram, mas esses homens bons são apenas imitações. Não são budas, não são pessoas despertas. São tão cegos quanto qualquer outra pessoa, tão cegos quanto a humanidade inteira. São bons – tentaram ser bons, conseguiram ser bons –, mas estão fervendo por dentro. Eles se reprimiram, isso é tudo, e tiveram sucesso na repressão. Conseguiram criar uma bela fachada e estão escondidos atrás dela. Podem estar usando óculos, mas são cegos.

No entanto, é muito difícil perceber que você está cego. Você pode ser bom, pode ser muito disciplinado, pode ter um caráter moral, pode ter uma consciência – mas, a menos que tenha percepção, não terá olhos para ver. Essas pessoas boas eram boas porque seguiam as regras da multidão. E é por isso que uma pessoa considerada boa em uma sociedade pode não ser considerada boa em outra sociedade. Os hindus acham que Ramakrishna é iluminado. Pergunte aos jainistas, e eles não vão concordar com você, porque ele continuou a comer peixe, e, de acordo com a moralidade jainista, comer peixe e se tornar iluminado é impossível. É preciso ser absolutamente vegetariano.

Você acha que Jesus Cristo é bom? Pergunte aos hindus, pergunte aos budistas, pergunte aos jainistas, e eles dirão: "Não, de modo algum!", porque, de acordo com sua moralidade, de acordo com sua filosofia, só se sofre por causa de pecados de vidas passadas – e a crucificação é um grande sofrimento. Isso simplesmente prova que Jesus Cristo deve ter cometido grandes pecados, pode ter assassinado alguém, estuprado alguém, deve ter feito algo realmente ruim, caso contrário, por que teria sido crucificado?

Os jainistas dizem que, quando Mahavira – seu *tirthankara*, seu Cristo – anda em um caminho, se houver um espinho no caminho, o espinho imediatamente se vira para baixo, ao ver que Mahavira está vindo, porque mesmo um espinho não pode causar dor a Mahavira. Ele acabou com todos os carmas ruins, a dor é impossível. Então, e a crucificação... Jesus deve ter sido um criminoso em suas vidas passadas – pode ter sido um Gengis Khan, Tamerlão, Nadir Xá, um Hitler – algo assim!

Pergunte aos cristãos o que acham de Mahavira, Buda ou Shankaracharya e eles dirão que essas pessoas são pessoas muito egoístas – que só meditam e não servem aos pobres. Jesus ajudou os cegos, deu-lhes olhos, transformou pedras em pão para servir os pobres e até ressuscitou os mortos para a vida. Toda a sua vida foi de serviço à humanidade. Agora, o que há a serviço da humanidade na vida de Mahavira? De pé e nu... isso é um serviço para a humanidade? Meditando de olhos fechados e desfrutando seu ser interior, absolutamente feliz – é esse o serviço para a humanidade? Quando toda a humanidade está sofrendo e você está se divertindo – isso é humano? É desumano! Buda, Mahavira, Krishna, essas pessoas não podem ser consideradas boas pessoas de acordo com os cristãos. E o que Krishna está fazendo? – tocando flauta com garotas dançando ao seu redor, enquanto toda a humanidade sofre! Há pessoas pobres e pessoas cegas, e hospitais são necessários e escolas são necessárias.

Você acha que, se Krishna estivesse vivo, ele teria recebido o Prêmio Nobel? Madre Teresa de Calcutá o recebeu porque dirige casas para órfãos, serve os pobres, alimenta os pobres. E este homem, Krishna, em vez de servir os pobres, atirava pedras nas pobres moças que carregavam seus potes de leite, para que as panelas fossem quebradas e o leite fosse derramado... e esse é o homem a quem chamam de Deus! Em vez de ajudar os pobres, pegava as vestes das mulheres pobres quando elas tomavam banho no rio e sentava-se numa árvore com as roupas. Que tipo de religiosidade é essa? Esse homem tem de ser entregue à polícia!

Se você olhar ao redor, quem é bom? Maomé – que carregou uma espada a vida inteira, matou muitas pessoas e lutou muitas guerras – é bom? De acordo com Buda, ele não é bom; de acordo com Mahavira, ele não é bom – é violento. Ele se casou com nove mulheres. Agora, isso é o sinal de um homem de caráter? Um homem de caráter permanece celibatário! Shankaracharya é um homem de caráter, permanece celibatário.

Jesus bebe vinho. Então Maomé não pode concordar com isso – ele é totalmente contra o vinho. E esse Krishna tocando flauta – Maomé não pode concordar que esse homem seja bom. Ele é tão alérgico à música quanto eu sou ao perfume! Ele é contra a música.

Agora, quem é bom...? Todas as nossas ideias do bem são inventadas.

Apenas aquele que "despertou" é bom. Então, para mim, a pessoa desperta é boa. Atos não contam, apenas a consciência conta. Para mim, Mahavira é bom, Krishna é bom, Maomé é bom, Buda é bom, Ramakrishna é bom, Cristo é bom, pela simples razão de que todos estão conscientes. Agora cabe à consciência deles decidir o que fazer e o que não fazer.

Jesus está tão desperto que pode beber vinho, mas não fica bêbado. O que há de errado nisso? Não há nada de errado. Ele tem de decidir por si mesmo; ninguém mais pode decidir por ele. Mahavira é tão consciente de que quer estar tão nu quanto uma criança; não há necessidade de esconder nada, então ele deixa caírem suas roupas. Ninguém mais pode ser tão decisivo. Quando você tem a própria consciência, seus atos nascem dessa consciência. Para mim, a única definição possível de bem é o ato que surge de um ser consciente, seja qual for o ato. Mas normalmente pensamos nos atos como bons e ruins.

Atos não são bons nem ruins. O ato de beber vinho é bom, porque Jesus está fazendo isso, e é ruim se alguém que não estiver consciente continuar fazendo isso. Ambos estão praticando o mesmo ato! Mahavira de pé nu é bom, mas uma menina fazendo um *strip-tease* não é bom. A consciência é o único fator decisivo.

Você diz: "Muitos homens bons escreveram que o amor pode começar como um impulso da vontade...".

Esses homens bons não são bons de verdade, são só tradicionais, ortodoxos. Seguiram as escrituras e, quando você está inconsciente, tudo o que você interpreta é sua interpretação.

Aprisionado pela mente

Um pobre camponês foi eleito juiz de paz em uma cidade do interior. Embora pudesse contar dinheiro, nunca havia aprendido a ler e a escrever muito além de poder assinar o próprio nome. Por não ser capaz de ler a lei, e também por não querer que as pessoas soubessem como era ignorante, desenvolveu um sistema de multas – não a partir de um livro de leis, mas de um catálogo da Sears Roebuck.

Um dia, um estranho que visitava um primo na cidade foi apanhado por excesso de velocidade. Quando foi considerado culpado, o juiz solenemente passou o dedo no catálogo e multou o homem em nove dólares. O homem ficou zangado com a maneira como havia sido tratado e reclamou disso com o primo.

O primo disse:

"Você tem sorte. Ele multou você com o valor de um guarda-sol de apenas nove dólares. Se tivesse virado a página, teria sido multado com o valor de um piano de 385 dólares!".

As pessoas estão virando as páginas de suas escrituras sem conhecer a si mesmas. O que podem entender? São catálogos! Pode ser a Gita, a Bíblia ou o Alcorão, não faz diferença. O que você está descobrindo é sua própria mente, seu próprio reflexo; não pode ser diferente. Você está inconsciente – você não pode ser bom.

Uma voz feminina ao telefone às três da manhã implorava à polícia que viesse o mais rápido que pudesse. Disse que o marido foi acordado por um barulho no quintal e, quando saiu para investigar, foi atacado e derrubado por um agressor invisível.

Um patrulheiro foi despachado imediatamente da delegacia de polícia e chegou ao local do crime em poucos minutos. Meia hora depois, voltou à delegacia com um olhar amargo no rosto e um enorme galo na testa.

"Já voltou?", perguntou o sargento da recepção. "Você encontrou o agressor?"

"Sim", disse o patrulheiro. "Eu também pisei no ancinho!".

Em sua inconsciência, que bem pode surgir de você? Você diz: "Muitos homens bons escreveram que o amor pode começar como um impulso da vontade".

Eles não sabem nada sobre amor ou sobre vontade. Vontade é outro nome para o ego e amor significa ausência de ego. Como a ausência de ego pode começar por meio do ego?

Uma pessoa realmente religiosa não é um homem de vontade. Uma pessoa realmente religiosa abandonou sua vontade. Permite que a vontade de Deus flua através dela. É o que Jesus diz no último momento na cruz: "Venha a nós o vosso reino, seja feita a vossa vontade".

Há centenas de livros escritos em todo o mundo sobre a força de vontade – isso não é nada além do poder do ego. A pessoa realmente religiosa é absolutamente sem ego, sem vontade; é apenas um bambu oco, uma flauta. Tudo que a existência quer cantar, ela canta; se não quiser cantar, a flauta permanecerá em silêncio. A flauta não tem vontade própria porque não está mais separada da existência.

A pessoa religiosa é boa – boa no sentido de que é um com Deus, um com a existência. Ela se dissolveu em Deus, esqueceu toda a separação, alcançou a união com Deus.

O amor não pode começar na vontade, como vontade, como um impulso da vontade. E você diz: "... mas tentar ser espontâneo parece ser uma contradição". Claro que, se você acha que o amor começa como um impulso da vontade, ser ou tentar ser espontâneo será uma contradição. Mas o amor não começa como um impulso da vontade, e não há contradição. O amor é a própria espontaneidade.

Não estou lhe dizendo para tentar ser espontâneo. Como pode tentar ser espontâneo? Será uma contradição! Estou lhe dizendo para entender o que está fazendo, o que está pensando, o que está sentindo – observe. Isso é meditação: observar todos os seus atos, físicos, mentais... Quando você pode observar ações, pensamentos, sentimentos – essas três dimensões devem ser observadas –, à medida que sua vigilância aumenta, você entra no quarto, *turiya*. O Mandukya Upanishad fala sobre o quarto. Observando os três, você entrará no quarto – apenas observando; não é uma questão de tentar. Tentar significa esforço; assistir significa descontração, estar totalmente relaxado, apenas ver o que quer que esteja passando.

Os pensamentos estão sempre passando na tela da mente. Apenas relaxe, sente-se em uma poltrona como se estivesse assistindo à televisão. A mente é uma televisão embutida! Você pode simplesmente assistir, e é muito colorido. Apenas assistindo, você verá que o espectador não é o que é assistido, o observador não é o observado. Uma separação começou a acontecer, uma desidentificação como complexo mente-corpo. E nessa mesma desidentificação você começará a se centrar, a se fundamentar em seu próprio ser. Isso trará espontaneidade.

Não é uma questão de praticá-lo. É apenas uma questão de observar tudo o que está acontecendo em você, através de você, para que um dia você possa ver seu oráculo, para que um dia possa se tornar consciente de sua própria consciência. Esse é o pico supremo do crescimento humano. Depois disso, nada mais existe. Alguém se torna um buda, e então tudo que se faz é bom. Tudo que se faz é amor, tudo que se faz é serviço, é compaixão.

> Ao olhar ao meu redor, para as pessoas que responderam ao seu chamado, meu espírito voa de alegria ao saber que esses meus irmãos essas minhas irmãs são algumas das pessoas mais extraordinárias do planeta. Vê-los com essa consciência me faz sair da cabeça para o meu coração. Pois, no calor de lidar com minhas próprias coisas, eu me esqueço de vê-las como elas são, e não como as percebo. Por favor, fale sobre isso.

É um dos fundamentos da compreensão humana que, se você quiser ver os outros como eles são, tem de estar completamente vazio, sem preconceitos, sem ideias preconcebidas, sem qualquer atitude de julgamento.

Normalmente ninguém vê as pessoas como elas são. Eles as veem como podem. Eles as veem através de uma barreira espessa de sua própria mente, de seus próprios condicionamentos. A menos que seja capaz da visão pura, a *philosia* – você não tem nada para projetar do seu lado, não tem de dar nenhuma cor ao objeto de sua observação

–, só então você consegue ver as coisas, as pessoas, como elas são, em si mesmas.

Um dos grandes filósofos alemães, Immanuel Kant, abandonou a ideia de que é possível ver as coisas como elas são, porque não tinha como saber sobre elas meditativamente. Ele era uma grande mente, mas, quanto maior a mente, maior a dificuldade de ver com clareza. Sua mente agarra cada pedaço de informação que chega, seleciona, classifica o que é ajustável a seu conhecimento existente e o permite, e o que quer que vá perturbar sua mente – qualquer coisa nova, desconhecida, estranha – ela rejeita.

A ciência descobriu um fato surpreendente. A mente era pensada como receptora de informações do mundo, e nossos olhos, nossos ouvidos, nosso nariz, todos os nossos sentidos, eram como portas por onde a existência podia entrar em nós. Este era um antigo entendimento que prevaleceu por milhares de anos. Mas, apenas nesses últimos anos, a ciência tornou-se consciente de uma situação totalmente diferente. Seus sentidos não são simples janelas; sua mente permite apenas 2% das informações e descarta os outros 98%. Está continuamente em alerta para o que entra em você: deve estar em sintonia com seus conceitos, superstições e ideologias. E, se não estiver, a mente não será perturbada, entrará em um caos por permitir uma nova ideia que não se ajuste a você. Isso torna as coisas muito diferentes. Significa que sua mente não é um veículo de conhecimento, mas um veículo que evita 98% do conhecimento disponível para você. E os 2% que são permitidos não valerão nada, porque se ajustam a você. São feitos da mesma coisa de que você já tem o bastante.

Somente alguém que medita pode conhecer as pessoas, pode conhecer as coisas, pode experimentar a beleza como ela é, em si, porque ele não interfere, não censura, não está em guarda. Ele não tem nada a perder. Já abandonou tudo que poderia ter sido a causa do medo, está completamente vazio.

De vez em quando você fica vazio. Nesse momento, pode ver as coisas com clareza, com transparência. Mas, quando sua mente começa, coberta pelos próprios pensamentos, esses pensamentos protegem você. Protegem os mortos contra os vivos, protegem a estática contra a dinâmica, protegem da experiência existencial o que foi dado a você como conhecimento.

Você está certo quando diz: "Ao olhar ao meu redor para as pessoas que responderam ao seu chamado, meu espírito voa de alegria ao saber que esses meus irmãos e essas minhas irmãs são algumas das pessoas mais extraordinárias do planeta". Se você estiver em silêncio e seus olhos estiverem sem poeira, e seu coração for apenas um espelho puro, esta será a experiência de todos. Essas pessoas são certamente extraordinárias! Sou contra todo o passado, sou contra todos os condicionamentos, sou contra todas as ideologias, todas as religiões organizadas. Portanto, pouquíssimas pessoas, aquelas que têm coragem de abandonar o passado em sua totalidade, podem ter a oportunidade de estar comigo. Estar comigo é arriscado. É perigoso – perigoso para a sua mente. Estar comigo por fim significa que você terá de perder a cabeça. Claro que não será uma perda, porque estará alcançando algo maior, algo mais vasto, algo ilimitado. Estará atingindo um estado não mental.

Apenas um estado de não mente é uma porta aberta. Estar sem qualquer julgamento, permitirá que você veja as coisas como elas são, não como deveriam ser, não como você gostaria que fossem, não para se adequarem a você. A existência não tem obrigação de se ajustar à sua mente. Mas toda mente está lutando de alguma forma para tornar a existência adequada a ela. É impossível. Por isso a tristeza, a frustração, o profundo desespero e o sentimento de fracasso.

Os grandes filósofos do mundo contemporâneo, os existencialistas, perderam toda a coragem. Perderam a coragem pela simples razão de serem as mentes racionais mais refinadas, cultas e instruídas. Com suas mentes não podem ver beleza em lugar algum, não podem ver alegria em lugar algum, não podem ver esperança em lugar algum. Estão profundamente angustiados.

Mas a existência está celebrando. Continua trazendo novas flores, continua trazendo novas estrelas, continua trazendo algo novo a cada momento. Está continuamente se renovando, e há uma canção que envolve toda a existência e há uma dança que você pode ver nas árvores, nos pássaros, nos animais, nas crianças, nos sábios. Mas, para ver, você tem de deixar sua mente de lado.

Às vezes isso acontece por conta própria. Ouvindo-me, se você se tornar muito atento, você sairá da sua mente. Nos poucos momentos em que escapar de sua mente, você se torna consciente dessa reunião extraordinária de irmãos e irmãs. Essas pessoas deram um passo enorme. Elas arriscaram a mente estabelecida para investigar o estranho e o desconhecido – e, em última análise, o incognoscível. Puseram de lado todas as explicações em favor do milagre e do mistério da existência. Abandonaram ambições e o desejo por dinheiro, poder, prestígio e respeitabilidade. Agora toda a sua preocupação é simples e única: *Quem sou eu?*

Sem conhecer a si mesmo, todo conhecimento é fútil. E se você conhece a si mesmo, não precisa saber de nada que seja desnecessário. Ao conhecer a si mesmo, chega-se a conhecer o núcleo mais profundo da existência, o próprio centro. Experimentar esse centro é tão alegre, tão extático que não há necessidade... Você não é mais um mendigo, de repente se torna um imperador. Todo o reino de Deus se torna seu.

Essas pessoas tomaram uma posição corajosa contra o mundo inteiro. Não é comum, é absolutamente extraordinário. Estar sozinho como um leão e não ser uma ovelha na multidão é a maior coragem da existência. Poucas pessoas conseguem sair da psicologia de massa, da mente coletiva. A mente coletiva dá uma sensação de falsa segurança. Naturalmente, isso transmite a ideia de que tantas pessoas – há mais de 7 bilhões de pessoas no planeta – não podem estar erradas. Naturalmente, não há necessidade de você procurar a verdade individualmente. Todas essas pessoas já a descobriram. É mais fácil e mais barato segui-las... ser apenas um cristão, um hindu, um muçulmano ou um

Aprisionado pela mente

comunista. É muito fácil, quando uma multidão o cerca, sentir-se aquecido e acolhido.

Sozinho como um grande cedro-do-líbano, completamente sozinho no céu, longe da terra, quase alcançando as estrelas... A beleza dos cedros-do-líbano – a coragem de ir além da multidão, a coragem de estar só...

Gautama Buda costumava chamar *sannyas* de rugido de leão. Então, sempre que eu estiver em um intervalo, se você estiver em sintonia comigo, também estará em um intervalo. E você se tornará consciente de que está cercado por uma multidão estranha. Não é a multidão comum do mercado. São os que buscam, são que indagam. São pessoas prontas para sacrificar tudo pela verdade. São as pessoas que renunciaram a todo conhecimento emprestado e estão em busca de algo próprio, porque aquilo que não é seu não está correto. Pode ter sido certo para Gautama Buda, pode ter sido certo para Jesus Cristo, mas não é certo para você.

Você é um indivíduo único por direito. Tem de encontrar a verdade sozinho, não seguindo os passos de outra pessoa. O mundo da verdade é algo como o céu onde os pássaros voam, mas não deixam pegadas. O mundo da verdade também não tem pegadas de Jesus, Gautama Buda ou Lao Tzu. É o mundo da consciência: onde você poderá deixar as pegadas?

Todos os seguidores, sem exceção, estão errados. Estão seguindo alguém porque não são corajosos o suficiente para procurar e buscar por conta própria. Têm medo de que, sozinhos, "talvez eu não consiga encontrar nada. E qual é a necessidade quando Gautama Buda já encontrou?".

Mas não ache que, quando Gautama Buda bebe e a sede dele é saciada, a sua sede também será. Jesus come, a fome dele foi embora, mas isso não fará com que você esteja alimentado. Você tem de comer, tem de beber, não pode simplesmente depender de outra pessoa. Tantas pessoas maravilhosas amaram, qual é a necessidade de você amar? Pode simplesmente segui-las. Mas não será amor, será apenas uma cópia em carbono. E ser uma cópia em carbono neste mundo é a forma mais feia de existência.

O único homem autêntico é sempre original. Não é uma réplica, não é uma repetição. É uma nova música, uma nova dança, um novo começo, sempre e sempre. Mas você está certo ao dizer que "ver essas pessoas extraordinárias no planeta, vê-las com essa consciência me faz sair da cabeça para o meu coração". Esse é um belo símbolo. Essa é uma ótima indicação. Se você puder se mover da cabeça para o coração, alcançou algo que a sociedade tem evitado. A sociedade não quer que você seja um homem de coração. A sociedade precisa de cabeças, não de corações.

Nunca estive em lugar algum… e passei por muitas universidades. Eu estava visitando a maior universidade da Índia, em Varanasi, e um dos intelectuais mais famosos, o Dr. Hajari Prasad Dwivedi, presidia a reunião em que eu ia falar. Ele era o cabeça e o decano da faculdade de artes. Questionei: "Você já se perguntou por que você é chamado de 'o cabeça', e não de 'o coração'?".

Ele respondeu: "Você sempre faz perguntas estranhas!". Ele era um homem velho, e hoje já morreu. Ele disse: "Em toda a minha vida ninguém perguntou: 'Por que você é chamado de o cabeça, e não de o coração?'". Mas considerou que, embora a pergunta fosse muito estranha, "tem algo significativo em sua pergunta. Também me faz perguntar por que as pessoas não são chamadas de 'o coração' do departamento de filosofia – isso seria mais autêntico, mais essencial –, mas são chamadas de 'o cabeça' do departamento de filosofia".

A sociedade é dividida entre a cabeça e as mãos. Você já reparou que os trabalhadores são chamados de mão de obra? Pessoas pobres que trabalham com as mãos, trabalhadores manuais, são chamadas de mão de obra... e há pessoas acima delas que são os cabeças. Mas o coração está completamente ausente, ninguém é chamado de "o coração".

É imensamente significativo que você comece a sentir uma agitação em seu coração, porque seu coração é muito mais valioso que sua cabeça. Sua cabeça é toda emprestada... não tem nada próprio. Mas seu coração ainda é seu. Seu coração não é cristão, seu coração não é hindu, seu coração ainda é existencial. Não foi corrompido e poluído. Seu coração ainda é original, e é um tremendo salto quântico ir da cabeça para o coração.

Agora, mais um passo – do coração para o ser –, e você chegou em casa, a peregrinação acabou. Ninguém pode vir diretamente da cabeça para o ser. Eles são estranhos, não estão conectados. Sequer foram apresentados. Nem seu ser conhece sua cabeça, nem sua cabeça conhece seu ser. Moram na mesma casa, mas são totalmente estranhos. O funcionamento deles é tão diferente que nunca se cruzam, nunca se encontram.

O coração é a ponte. Parte do coração conhece a cabeça e parte do coração conhece o ser. O coração é uma estação intermediária. Quando você está se movendo em direção ao seu ser, o coração será um pernoite. Do coração você conseguirá ver algo do ser, mas da cabeça, não. Por isso, os filósofos nunca se tornam místicos. Poetas mudam, se transformam... pintores, escultores, dançarinos, músicos e cantores estão mais próximos do ser.

Mas toda a nossa sociedade é dominada pela cabeça, porque a cabeça consegue ganhar dinheiro. É muito eficiente – as máquinas são sempre mais eficientes –, conseguem satisfazer todas as suas ambições. A cabeça está sendo criada pelos seus sistemas educacionais, e toda a sua energia começa a se mover... contornando o coração.

O coração é a coisa mais significativa porque é a porta de entrada para o seu ser, para a sua fonte de vida eterna. Gostaria que todas as universidades do mundo conscientizassem as pessoas sobre o coração, para torná-las mais estéticas, mais sensíveis... sensíveis a tudo que nos rodeia, à imensa beleza, à imensa alegria.

Mas o coração não pode satisfazer seus desejos egoístas, esse é o problema. Ele pode lhe dar uma tremenda experiência de amor, uma transformação alquímica. Pode levar o melhor de você para a sua forma mais clara e pura, mas não criará dinheiro, poder e prestígio. E eles se tornaram os objetivos.

É muito significativo que você continue deslizando da cabeça para o coração. Arrisque-se um pouco mais: deslize do coração para o ser. Esse é o fundo do poço da sua vida.

Aprisionado pela mente

Mas o que acontece com você? Está dizendo: "No calor de lidar com minhas próprias coisas, eu me esqueço de vê-las como elas são, e não como as percebo".

Quais são "suas próprias coisas"? Em primeiro lugar, nada é seu. Basta olhar para as coisas: são todos os tipos de lixo alimentados por pessoas, seus pais, sua sociedade, seus professores, seus líderes, seus santos – nada disso pertence a você. Sua cabeça tem sido usada praticamente como um cesto de lixo – qualquer pessoa continua colocando algo dentro. Seu conteúdo não é seu: essa é a primeira questão a ser lembrada, porque vai mudar sua visão. E esse conteúdo é só um fardo desnecessário, uma bagagem que está carregando e que o está esmagando.

Bhavani Dayal, um *sannyasin* da África, foi a uma peregrinação do Himalaia. Como estava escalando no sol quente – transpirava, sua respiração se tornava difícil e ele estava carregando uma bolsa no ombro –, um pouco à sua frente ele viu uma garota de não mais de 10 anos carregando nos ombros talvez o irmão, um garotinho, muito gordo. Ela também estava transpirando, e quando Bhavani Dayal se aproximou dela, apenas por compaixão, disse: "Minha filha, seu fardo deve estar matando você".

A jovem ficou furiosa com o *sannyasin*. Ela respondeu: "Você está carregando um fardo – este é meu irmão, e ele não é um fardo". Na balança comum, ambos se provarão fardos, ambos terão peso, mas na balança do coração a garotinha estava certa e o velho *sannyasin*, errado. Ele mesmo escreveu em sua autobiografia: "Nunca havia encontrado uma situação em que uma garotinha apontasse para um fato sobre o qual eu nunca havia pensado".

O poder do amor

A cabeça só pode pensar em fardo, responsabilidade e dever. O coração não conhece nada de responsabilidade, embora responda espontaneamente. O coração não conhece nada de fardo, porque conhece o amor. O amor faz tudo ficar leve. O amor é a única força que não está sob o controle da gravidade. Não o puxa para baixo. Ele lhe dá asas e o leva além.

Seu fardo não é especial, todos estão cheios da mesma besteira. Temos de limpar todo esse "conteúdo". Deixe sua mente vazia... e conforme esse conteúdo desaparece, a mente desaparecerá também. A mente não passa de um nome coletivo para suas coisas.

A professora pediu aos pequenos alunos que contassem sobre seus atos de bondade para com os animais pobres. Depois que várias crianças contaram histórias emocionantes de bondade, a professora perguntou ao pequeno Ernie se ele tinha algo para contar.

"Bem", disse Ernie, com orgulho, "uma vez chutei um garoto que tinha chutado o cachorro dele."

Qual é o seu conteúdo? Apenas observe... Nós nos perdemos na selva disso. Coloque-se de lado e veja.

O grupo de senhoras locais convidou a nova vizinha para almoçar. Depois que ela saiu, as outras senhoras se sentaram, falando sobre ela.

"Bem", disse a sra. Finkelstein, "ela parece muito meiga, mas meu Deus! – *aquetiaque, iaquetiaque...* – achei que nunca iria parar de falar."

"Você acha", perguntou a sra. Rosenbaum, "que o que ela diz é verdade?"

"Acho que não", bufou Becky Goldberg, "simplesmente não há muita verdade."

Apenas observe seu conteúdo. É o nosso desconhecimento que continua colecionando todo tipo de lixo. Esse lixo se torna tão espesso que não permite que você veja as coisas como elas são, nem permite que você entre em sua subjetividade mais íntima.

As religiões do mundo têm dito às pessoas para renunciar ao mundo. Eu digo: não renuncie ao mundo, o mundo não fez nada de errado com você. Renuncie a esse lixo, essa coisa que você está carregando dentro de você.

No entanto, durante séculos, as pessoas renunciaram ao mundo, mas carregaram o entulho. Onde quer que você esteja – no Himalaia, nos mosteiros –, suas coisas estarão lá. Você pode renunciar ao mundo, já que o mundo não está de forma alguma o impedindo, mas como vai renunciar à sua mente? E se tem de haver a renúncia da mente, não há necessidade de ir a um mosteiro, não há necessidade de ir ao Himalaia. Onde quer que você esteja, poderá renunciar a isso. Não há necessidade de todos os tipos de austeridades que as pessoas impõem a si mesmas.

Ouvi falar sobre um mosteiro trapista. A regra do mosteiro era que você só podia falar uma vez a cada sete anos. Um jovem entrou e o abade do mosteiro lhe perguntou: "Você está ciente de que é uma vida muito austera e, particularmente, que você não poderá falar por sete anos? Em sete anos, é dada apenas uma chance de falar. Então, por outros sete anos, você deverá ficar em silêncio. Você está pronto para isso? Porque essa é a parte mais difícil".

Mas o jovem estava determinado, fanaticamente determinado. Aceitou a regra e foi iniciado no mosteiro. Entrou na cela e viu a situação... A cama, o colchão estava tão sujo – devia estar sendo usado há séculos –, estava fedendo. E por sete anos ele não poderia nem mesmo dizer ao abade ou a qualquer um: "Por favor, remova esse colchão. Isso vai me matar...". Não havia como dizer nada, então teve de sofrer com aquela coisa fedorenta por sete anos.

Quando os sete anos se passaram, ele correu até o abade e disse: "O senhor quase me matou. Remova aquele colchão imediatamente. É tão sujo que parece que Adão e Eva o usaram!".

O abade pediu um colchão novo. Este veio, mas era um pouco grande para a pequena cela. Então, os trabalhadores de alguma forma forçaram a entrada e, forçando-a, quebraram uma das vidraças da janela. Mas ele não podia dizer nada – e, agora, a água da chuva chegava e começava a entrar através daquele vidro quebrado, e, nas noites frias, o gelo invadia a cela.

Ele estava em uma situação mais perigosa do que antes! Já havia se acostumado com aquele colchão fedorento, mas essa era uma situação mais difícil. Estava muito frio... ele tremia e estava sempre molhado, e não entrava nem um pouco de sol na cela. Então ele disse: "Meu Deus, sete anos... eu esperava que de alguma forma as coisas se endireitassem, mas elas se tornaram ainda piores!".

Depois de sete anos, foi novamente ao abade e disse: "Que tipo de colchão você mandou? Aqueles idiotas quebraram a janela e, durante sete anos, venho sofrendo de frio, tremendo todos os dias, esperando apenas pelo término dos sete anos. Pareceu uma eternidade".

O abade disse: "Tudo bem, a janela será consertada". A janela foi consertada, mas em sete anos de chuva e neve, o colchão ficou muito estragado... e agora havia outros sete anos a esperar. Aquele jovem pensou: "Agora não vou conseguir sobreviver. Catorze anos se passaram. Vim aqui para encontrar a verdade, e o que encontrei? Nunca sonhei passar por isso, é um pesadelo". Mas então aqueles sete anos também passaram. Agora eram vinte e um anos de sofrimento.

Ele foi até o abade e disse: "Este é um lugar estranho. Vinte e um anos e estou sofrendo a mesma coisa de formas diferentes".

O abade ficou muito zangado. Ele falou: "Desde que você chegou, reclamações, reclamações, reclamações... nem uma única palavra de apreciação! Você não é digno de ser um monge. Saia do mosteiro".

Ele respondeu: "Meu Deus, vinte e um anos sofrendo desnecessariamente e agora você está me expulsando".

O abade disse: "Não podemos permitir esses temperamentos negativos".

Basta olhar para as suas coisas. É absolutamente desnecessário sofrer por causa delas, elas podem ser abandonadas. Você deve limpar a mente. Por que continuar empilhando lixo sobre lixo? Mas como você as chama de "minhas" coisas, surgiu uma identidade; tornou-se seu tesouro. Então, a primeira coisa é: não chame de "minhas" coisas. Isso é algo que foi forçado a você por todas as pessoas estúpidas ao seu redor.

O poder do amor

Meu pai tinha um amigo que era considerado o homem mais sábio da região, e ele me levava até o homem para que eu também aprendesse alguma sabedoria. Eu me sentava lá com os dedos nos ouvidos. Certa vez meu pai disse: "Eu lhe trouxe para que você compreenda alguma coisa e você está sentado com os dedos nos ouvidos. Está louco?".

Respondi: "Eu não sou louco, você que é louco. Esse cara está atirando todo o tipo de lixo e não estou pronto para permitir isso na minha cabeça. Será um problema desnecessário: primeiro, juntar, depois, limpar – qual é o sentido? Estou perfeitamente limpo".

O velho sábio ficou muito zangado. Ele disse: "Você tem de cuidar desse garoto. Ele tem de ser controlado e disciplinado. Isso é muito desrespeitoso. Nunca na minha vida alguém fez uma coisa dessas".

Falei: "Nunca em sua vida o senhor se deparou com alguém que tivesse coragem, e o que você está fazendo é coletar lixo das escrituras – a casa dele era repleta de escrituras antigas – e jogar tudo na cabeça de outras pessoas. O senhor tem de ser levado ao tribunal. Precisa ser colocado em uma prisão, porque é o maior criminoso desta região. Destruiu a mente de muitas pessoas, e elas sofrerão e pensarão por toda a vida que aquelas coisas são delas".

Se você puder manter uma distinção clara do que é sua própria experiência e do que é imposto a você, então o que for imposto e emprestado deverá ser descartado. Essa é a única coisa a ser renunciada.

O mundo é perfeitamente lindo. Basta sua mente ficar em silêncio, vazia, aberta, e você terá a clareza de ver as pessoas como elas são... não somente para ver as pessoas, mas para ver a si mesmo. Esse entendimento traz uma transformação em seu ser. O mundo se torna um lugar totalmente diferente – do desespero à dança, das trevas à luz, da morte à vida eterna.

4.
O caminho do coração

Há caminhos da mente e caminhos do coração. Eles não precisam se apoiar. E se acontece de a mente não estar de acordo com o coração, então a mente está errada. Sua concordância ou discordância não importa – o que importa é que seu coração se sinta à vontade, pacífico, silencioso, harmonioso e em casa.

Somos treinados para a mente, então nossa mente é muito articulada, mas ninguém cuida do coração. Na verdade, ele é deixado de lado por todos, porque não tem utilidade no mercado. É inútil no mundo das ambições, é inútil na política, é inútil nos negócios. Mas, comigo, a situação é exatamente oposta – a mente é inútil. Já o coração...

Tudo acontece. Seu coração precisa estar pronto para receber. Tudo chega, mas se seu coração estiver fechado... As leis secretas da vida são tais que nunca nem baterão nas portas do seu coração.

A existência sabe esperar, pode esperar pela eternidade.

Tudo depende de você. Tudo está pronto para acontecer a qualquer momento. Apenas abra todas as suas portas e todas as suas janelas para que a existência possa fluir para dentro de você de todos os lados. Não há outro deus além da existência, e não há outro paraíso além do seu próprio ser. Quando a existência se derrama em seu ser, o paraíso terá entrado em você – ou você terá entrado no paraíso, são só maneiras diferentes de dizer a mesma coisa.

> *O que é essa ânsia em mim que nenhum relacionamento pode satisfazer, que nenhuma lágrima alivia, que não é transformada por tantos belos sonhos e aventuras?*

É assim, e não é só com você, mas com todos os que têm um pouco de inteligência. Essa sensação não é detectada por pessoas estúpidas, mas a pessoa inteligente está fadada a se deparar, cedo ou tarde – e quanto mais inteligente você for, mais cedo será –, com o fato de que nenhum relacionamento pode satisfazê-la.

Por quê? Porque todo relacionamento é só uma flecha para o relacionamento definitivo, é um marco, não um objetivo. Todo caso de amor é só uma indicação de um caso de amor maior pela frente – só um gostinho, mas esse gostinho não vai saciar sua sede nem satisfazer à sua fome. Na verdade é o contrário, esse gostinho vai deixá-lo mais sedento, mais faminto.

É o que acontece em todos os relacionamentos. Em vez de oferecerem contentamento, geram um tremendo descontentamento. Cada relacionamento falha neste mundo – e é bom que falhem, pois seria uma maldição se não fosse assim. É uma bênção que falhem. É justamente porque todo relacionamento falha que você começa a procurar o relacionamento definitivo com Deus, com a existência, com o cosmos. Você vê a futilidade várias vezes, vê que ela não será satisfeita por nenhum homem, por nenhuma mulher, que cada experiência termina em uma tremenda frustração, começa com uma grande esperança e termina em grande desesperança. É sempre assim: vem com grande romance e termina com um gosto amargo. Quando acontece repetidas vezes, é preciso aprender alguma coisa – que cada relacionamento é apenas uma experimentação para prepará-lo para o relacionamento final, para o caso de amor definitivo.

É disso que se trata a religião.

Você questiona: "O que é essa ânsia em mim que nenhum relacionamento pode satisfazer?". É a ânsia pela divindade. Você pode ou não saber disso. Pode ainda não conseguir articulá-la exatamente como o que é, porque no começo isso é muito vago, nublado, cercado por uma grande neblina. Mas é a ânsia pela verdade, é a ânsia por se fundir com o todo para que não haja mais separação.

Você não pode se fundir com um homem ou uma mulher para sempre; a separação está fadada a acontecer. A fusão só pode ser momentânea e, após esse instante, você será deixado na grande escuridão. Depois desse *flash*, o raio se vai, a escuridão será ainda maior do que antes. Por essa razão milhões de pessoas decidem não entrar em relacionamentos amorosos – porque pelo menos estão acostumadas à própria escuridão, não conhecem nada além disso. Há uma espécie de satisfação: sabe que é a vida, que não há mais além disso, então não há descontentamento.

Uma vez que você tenha provado o amor, uma vez que tenha experimentado alguns momentos de alegria, daquela pulsação tremenda quando duas pessoas já não são duas... Mas então você cai repetidamente desse pico e, cada vez que cai, a escuridão é muito mais sombria do que antes, porque agora você sabe que a luz existe. Sabe que há picos, sabe que a vida tem muito mais a oferecer a você, que a existência mundana de ir ao escritório todos os dias e voltar para casa e comer e dormir — que essa existência mundana não é tudo, que essa existência mundana é somente a sacada do palácio.

Mas se você não tem consciência do palácio, se você nunca foi convidado a entrar e viveu sempre na sacada, então acha que a vida é assim, que esta é a sua casa. Quando uma janela se abre e você pode ver dentro do palácio — a beleza, a grandeza, o esplendor — ou quando você é convidado por um momento e depois expulso de novo, então a sacada nunca mais poderá satisfazê-lo. Agora essa sacada será um fardo pesado em seu coração. E você sofrerá, sua agonia será enorme.

Esta é minha observação: as pessoas que não têm nenhuma criatividade estão mais satisfeitas do que as pessoas criativas. A pessoa criativa é muito insatisfeita, porque sabe que é possível mais, e que isso não está acontecendo. Por que não está acontecendo? A pessoa criativa está constantemente procurando, não consegue descansar, porque teve alguns vislumbres. De vez em quando uma janela se abria e ela via além. Como poderá descansar? Como poderá se sentir confortável e aconchegada naquela sacada idiota? Ela sabe da existência do palácio. Também viu o rei e sabe: "Este palácio me pertence; é o meu direito inato". Tudo que se precisa é saber como entrar no palácio, como se tornar um residente permanente nele. Sim, momentaneamente ela esteve dentro... e foi expulsa algumas vezes.

Quanto mais sensível uma pessoa for, mais descontente você a encontrará. Quanto mais inteligente, mais descontentamento será encontrado ali. Tem sido sempre assim.

Você vem do Ocidente para o Oriente, vê o mendigo na estrada, o trabalhador carregando barro na cabeça, e fica meio surpreso: seus rostos não mostram descontentamento. Eles não têm nada com que se contentar, mas de alguma forma estão satisfeitos. E os chamados povos religiosos indianos acham que é por causa da religião. Os supostos santos indianos continuam se gabando: "Veja! O Ocidente tem tudo, a ciência e a tecnologia proporcionaram ao Ocidente todo o conforto possível e, no entanto, ninguém está satisfeito. E no nosso país as pessoas são tão religiosas que não têm nada, mas estão satisfeitas". Os santos da Índia continuam se vangloriando disso, mas todo seu orgulho é baseado em uma falácia. O povo da Índia – pessoas pobres, sem instrução, famintas – está satisfeito não por ser religioso, mas por não ter sensibilidade. Está satisfeito porque não é criativo, está satisfeito porque nunca teve um vislumbre.

O Ocidente está ficando insatisfeito porque o conforto, a conveniência, tudo que a ciência lhe proporcionou lhe deu tanto tempo para explorar – meditar, rezar, fazer música, dançar – que alguns vislumbres começaram a acontecer. As pessoas do Ocidente estão se tornando conscientes de que há muito mais na vida do que aparece na superfície, é preciso mergulhar fundo.

O poder do amor

O Oriente é simplesmente pobre – e a pobreza torna as pessoas insensíveis, lembre-se. Uma pessoa pobre tem de ser insensível, caso contrário não conseguirá sobreviver. Se ela for muito sensível, a pobreza será demais. Tem de fazer crescer uma casca grossa em volta de si para se proteger, senão como sobreviverá? Tem de se tornar cega, só então poderá viver em um país pobre. Fora isso o mendigo está ali, as pessoas doentes estão ali na rua, morrendo. Se não for insensível, como poderá ir em frente? Esses mendigos irão assombrá-la. Ela tem de fechar suas portas. Você pode ver isso acontecendo nas ruas indianas. O visitante ocidental, quando visita o país pela primeira vez, fica muito perplexo: um homem está morrendo na rua e nenhum indiano percebe; as pessoas continuam passando. Isso acontece todos os dias.

Se as pessoas começarem a perceber, não conseguirão mais viver; elas não têm tempo para esses luxos. Isso é um luxo! Elas não podem levar a pessoa ao hospital, não têm tempo. Se começarem a ser muito compassivas, começarão a morrer, porque quem vai ganhar o sustento para a família? Elas têm de se tornar completamente cegas e surdas. Movem-se como zumbis, sem ver nada. Tudo que está acontecendo na beira da estrada não tem nada a ver com elas, não é da conta delas. Todos estão sofrendo o próprio carma. O mendigo morrendo na rua está sofrendo o próprio carma – talvez tenha sido um assassino em uma vida passada. Você não precisa se preocupar com ele. Na verdade, ele deveria ficar feliz por estar sofrendo seu carma; e agora seu carma está terminado. No próximo nascimento, virá como um rei ou algo assim – belas racionalizações para se manter cego e insensível.

É muito difícil para o pobre ter algum senso estético, ele não pode se dar a esse luxo. Se tiver senso estético, sentirá demais a pobreza, vai se tornar insuportável. Ele não pode ter senso de limpeza, não pode ter senso de beleza. Não pode se permitir essas coisas – então, qual o sentido de ter sensibilidade para elas? Será uma tortura, uma tortura constante. Ele não conseguirá dormir em sua casa feia com todo tipo de sujeira, todo tipo de objetos carcomidos – são suas únicas posses! Ele parece estar muito satisfeito – tem de estar, não pode se dar ao luxo de ter insatisfação.

Não tem nada a ver com religião, lembre-se. Todas as pessoas pobres estão satisfeitas, sem exceção. Você pode ir à África e encontrará as pessoas pobres satisfeitas; são ainda mais pobres que as indianas, e sua satisfação é muito mais profunda. Você pode ir até as tribos aborígines indianas, as mais pobres do mundo, mas verá em seus rostos uma espécie de satisfação, como se nada estivesse errado, tudo está certo. Elas têm de acreditar que tudo está certo, têm de se auto-hipnotizar constantemente, como se tudo estivesse bem, senão, como conseguirão dormir e como conseguirão comer?

Quando um país se torna rico, ele se torna sensível. Quando um país se torna rico e próspero, ele se torna consciente de muitas dimensões da vida que sempre estiveram lá, mas para as quais não se tinha tempo para olhar. O país rico começa a pensar em música, pintura, poesia e, finalmente, meditação – porque a meditação é o último luxo. Não há maior luxo do que a meditação. A meditação é o último luxo porque é o caso de amor definitivo.

É bom que você não esteja satisfeito com seus relacionamentos. Os indianos estão muito satisfeitos porque, na verdade, não há relacionamento algum. É casamento, não tem nada a ver com relacionamento. Os pais, astrólogos e quiromantes o decidem. Não tem nada a ver com as pessoas que vão se casar, elas sequer são consultadas, são simplesmente colocadas em uma situação onde começam a viver juntas. Não é um relacionamento. Podem gerar filhos, mas não é amor. Não há nada de romance. Mas uma coisa é boa: é muito estável. Quando não há relacionamento, não há possibilidade de divórcio. O divórcio só é possível se houver amor. Tente me entender. O amor significa grande esperança, o amor significa "eu cheguei". O amor significa "eu encontrei a mulher ou o homem". O amor significa o sentimento de que "somos feitos um para o outro". O amor significa que agora não há necessidade de procurar mais.

Se você começar com uma esperança muito grande, quando a lua de mel acabar, o relacionamento acabará. Essas grandes esperanças não podem ser satisfeitas pelos seres humanos. Você está esperando que a mulher seja uma deusa – e ela não é. Ela está esperando que o homem seja um deus – e ele não é. Agora, por quanto tempo podem continuar se enganando? Mais cedo ou mais tarde vão começar a enxergar a realidade. Enxergarão o fato, e a ficção começará a se evaporar. Nenhum relacionamento poderá satisfazer, porque todo relacionamento começa com uma grande esperança, e ela não é possível de ser realizada.

Sim, essa esperança pode ser realizada, mas só quando você se apaixonar pelo todo. Nenhuma parte pode cumpri--la. Quando você se apaixonar pelo todo, quando a fusão acontecer com o todo, só então haverá contentamento. Não haverá ninguém contente, haverá simplesmente contentamento. E então não haverá fim para isso.

Sou completamente a favor do amor porque o amor falha. Você ficará surpreso – tenho minha própria lógica. Sou completamente a favor do amor porque o amor falha. Não sou a favor do casamento, porque o casamento é bem-sucedido e lhe dá uma solução permanente. Esse é o perigo: você fica satisfeito com um brinquedo, fica satisfeito com algo plástico, artificial, criado pelo homem.

É por isso que no Oriente, particularmente na Índia... É um país muito antigo, e países antigos se tornam astutos assim como os velhos se tornam astutos. Por astúcia, a Índia decidiu pelo casamento infantil, porque, quando alguém é adolescente, a esperança começa a surgir – anseio, romance, poesia; então será difícil. A melhor maneira encontrada pela Índia foi o casamento infantil, o casamento de crianças. Elas não sabem o que é casamento, não sabem o que é relacionamento, não sabem o que é amor – nem têm fome disso –, o sexo ainda não se tornou algo maduro nelas. Deixem que se casem.

Pense só – uma menina de 3 anos sendo casada com um menino de 5 anos. Agora crescerão juntos como irmãos e irmãs crescem juntos. Você já sentiu algum desejo de se divorciar da sua irmã? Não acho que alguém se divorcie da própria irmã, não há necessidade. Aquilo é tomado como fato. Todos acham que sua mãe é boa e linda; sua irmã é linda, seu irmão é lindo. Você encara essas coisas como fatos. Havia apenas um relacionamento disponível para que você pudesse escolher com liberdade: seu cônjuge, sua mulher, seu homem. Na Índia, destruímos até mesmo essa liberdade. Maridos e esposas eram tidos como irmãos e irmãs. E quando vocês crescem juntos há anos, surge um tipo de amizade, um tipo de associação. Você se acostuma com o outro.

Isso não é relacionamento, não é amor. Mas a Índia decidiu pela estabilidade – e um país antigo sabe perfeitamente bem que o amor nunca pode ser estável. Escolha o amor e estará escolhendo o problema.

No Ocidente, o amor se tornou cada vez mais importante, e com ele surgiram todos os tipos de problemas. A família está desmoronando, desaparecendo de verdade. As pessoas estão trocando de esposas e maridos tantas vezes que tudo parece estar em caos.

Mas sou completamente a favor do amor e sou contra o casamento, especialmente o arranjado, porque o casamento arranjado lhe dá satisfação. E o amor? O amor nunca pode satisfazê-lo. O amor lhe dá cada vez mais sede por um amor melhor, faz você ansiar cada vez mais, o que lhe dá um enorme descontentamento. E esse descontentamento é o começo da busca pela verdade. Quando o amor falha muitas vezes, você começa a procurar um novo tipo de amante, um novo tipo de amor, uma nova qualidade de amor. Esse caso de amor é a oração, a meditação, *sannyas*.

É bom que nenhuma ânsia por casos amorosos comuns seja satisfeita. A ânsia será mais intensificada. Nenhum relacionamento o satisfará. Eles o deixarão mais frustrado e as lágrimas não vão aliviá-lo, não serão capazes. Podem ajudar em um momento, mas logo você ficará novamente cheio de dor e agonia. Nada é transformado por tantos belos sonhos e aventuras, nada é transformado. No entanto, digo: passe por eles. Nada mudou, mas você é transformado ao passar por todos esses belos sonhos e aventuras. Nada é mudado no mundo.

Basta pensar, esta questão surgiu em você. Isso é uma mudança. Quantas pessoas estão fazendo esse tipo de pergunta? Ela não é uma pergunta comum, não é por curiosidade. Posso sentir a dor, a agonia, posso sentir suas lágrimas, posso ver suas frustrações nisso, posso ver a tristeza e o sofrimento por que você deve ter passado. É quase tangível.

Nada muda no mundo. Mas, caindo de novo e de novo, algo se transforma em você – isso é a revolução. Até mesmo fazer essa pergunta é estar à beira de uma revolução. Então uma nova aventura será necessária. Aventuras antigas falharam, e uma nova é necessária – não no sentido de que você tem de buscar um novo homem ou uma nova mulher –, nova no sentido de que tem de buscar em uma nova dimensão. Essa dimensão é a dimensão do divino.

Eu lhe digo que estou satisfeito e contente – não por qualquer relação do mundo, não por qualquer caso de amor do mundo, mas ter um caso de amor com toda a existência é profundamente satisfatório.

E quando se está realizado, começa-se a transbordar. Não é possível conter o próprio contentamento. Ele é abençoado, tão abençoado que começa a abençoar os outros. É tão abençoado que se torna uma bênção para o mundo.

Você fala tantas vezes de maravilhamento e de amor. Como é encontrar-se em um estado de maravilhamento e de inocência infantil em relação a um estado de amor?

O maravilhamento e a reverência são as maiores qualidades espirituais. Maravilhamento significa que você funciona a partir de um estado de não saber. A pessoa experiente nunca se maravilha, é incapaz de se sentir maravilhada porque acha que já sabe tudo. Sabe todas as respostas estúpidas, conhece toda a Enciclopédia Britânica e, então, toda pergunta já está respondida em sua mente. Quando uma pergunta é tal, que não há nenhuma resposta para ela, quando é irrespondível não apenas hoje, mas para sempre. Não que seja desconhecida, mas é incognoscível... Quando alguém encontra o incognoscível, o irrespondível, experimenta o maravilhamento. Para uma pessoa que está em um estado de reverência, é como se o coração parasse de bater, como se, por um momento, não respirasse.

A experiência do maravilhamento é tamanha que tudo para. O mundo inteiro para; o tempo para, a mente para, o ego para. Por um momento você é de novo uma criança, maravilhada com as borboletas, as flores, as árvores, os seixos na praia e as conchas do mar – imaginando tudo, você é criança outra vez.

E quando consegue se maravilhar e sentir a imensa beleza da existência que só pode ser sentida em reverência, quando repentinamente estiver possuído pela existência, arrebatado, você poderá dançar, celebrar aquele momento, dizer "Oh!", e você não tem mais nada a dizer, nenhuma palavra, só um ponto de exclamação...!

A pessoa instruída vive com um ponto de interrogação, e o homem de reverência e maravilhamento vive com um ponto de exclamação. Tudo é tão tremendamente profundo e intenso que é impossível entender. O conhecimento é impossível. Quando isso é experimentado, toda a sua energia dá um salto, um salto quântico, da mente para o coração, do conhecimento para o sentimento. Quando não há possibilidade de saber, sua energia não se move mais nessa direção.

Quando você percebe que não há possibilidade de saber, que o mistério permanecerá um mistério, que não pode ser desmistificado, sua energia começa a se mover em uma nova direção: a direção do coração. É por isso que digo que o amor está relacionado a maravilhamento e reverência, à inocência infantil. Quando você não está obcecado com o conhecimento, você se torna amoroso. Pessoas cheias de conhecimento não amam, pessoas impetuosas não estão amando. Mesmo quando amam, só acham que amam. Seu amor também vem através de suas cabeças. E, passando pela cabeça, o amor perde toda a beleza, torna-se feio. As pessoas da cabeça vivem calculando; a aritmética é seu caminho.

O amor salta para uma existência perigosamente viva e sem cálculo. A cabeça diz: "Pense antes de saltar", e o coração diz: "Salte antes de pensar". Seus caminhos são diametralmente opostos.

A pessoa cheia de conhecimento se torna cada vez menos amorosa. Pode até falar sobre amor, pode escrever tratados sobre o amor, pode ser PhD e doutor em literatura com suas teses sobre o amor, mas não sabe nada de amor. Não o experienciou. É um tema que vem estudando, que não vem vivendo. Você me pergunta: "Osho, você fala tantas vezes de maravilhamento e de amor...". Sim, sempre falo sobre maravilhamento e amor juntos, porque são dois lados da mesma moeda. E você terá de aprender a partir do maravilhamento, porque a sociedade já o tornou instruído. A escola, a faculdade, a universidade – a sociedade criou um grande mecanismo para torná-lo instruído. E quanto mais recheado de conhecimento você é, menos sua energia amorosa flui. Há tantos bloqueios criados pelo conhecimento, tantas pedras no caminho do amor e não existe nenhuma instituição no mundo na qual você seja ajudado a ser amoroso, onde seu amor seja alimentado.

Essa é minha ideia de uma verdadeira universidade, é o que quero criar aqui. Claro que não será reconhecida pelo governo, não será reconhecida por outras universidades. E posso entender – se reconhecerem, será uma surpresa para mim. O não reconhecimento é, na verdade, um reconhecimento – reconhecer que é um tipo totalmente diferente de instituição, na qual as pessoas não são instruídas intelectualmente e, sim, amorosamente.

A humanidade viveu com o conhecimento por séculos, e viveu de maneira muito feia. D. H. Lawrence uma vez propôs que, se por cem anos todas as universidades, faculdades e escolas fossem fechadas, a humanidade se beneficiaria imensamente.

Concordo totalmente com ele. Essas duas pessoas, Friedrich Nietzsche e D. H. Lawrence, são pessoas lindas. Foi uma pena terem nascido no Ocidente, em consequência, não tiveram conhecimento de Lao Tzu, de Chuang Tzu, de Buda, de Bodidarma, de Rinzai, de Bashô, de Kabir e de Meera. É lamentável que conhecessem apenas a tradição judaica e cristã. E sentiam-se muito ofendidos por toda a abordagem judaica e cristã em relação à vida. Ela é muito superficial.

Friedrich Nietzsche costumava se autodenominar "Anticristo Friedrich Nietzsche". Primeiro escreveria *O Anticristo*. Ele não era realmente anticristo – anticristão, com certeza, porque em um de seus momentos mais sãos disse que o primeiro e último cristão foi crucificado; o primeiro e o último foi Jesus Cristo. Mas em seu nome existe algo absolutamente falso, e no dia em que Cristo foi negado pelos judeus, eles se tornaram falsos. Desde aquele dia feio eles não viveram verdadeiramente. Como poderiam viver belamente rejeitando seus próprios florescimentos? O que Moisés começou, um belo fenômeno, chegou ao auge em Jesus Cristo, e os judeus rejeitaram Jesus Cristo. Naquele mesmo dia, rejeitaram o próprio florescimento, a própria fragrância. Desde aquele dia eles não têm vivido corretamente.

As pessoas que seguiram Jesus criaram algo absolutamente contra Jesus. Se ele voltar, ficará nauseado, enojado, vendo tudo que acontece em nome de Cristo. Alguém me perguntou: "Jesus prometeu voltar – ele voltará?".

O poder do amor

Respondi: "Se ele voltar desta vez, você não precisará crucificá-lo – ele mesmo cometerá suicídio! Só de ver os cristãos será suficiente – o suficiente para cometer suicídio. Por isso meu sentimento é que ele não virá. Uma vez foi o suficiente, duas seria demais".

Mas esses dois homens, Nietzsche e Lawrence, foram imensamente incompreendidos no Ocidente. Eles também forneceram razões para serem mal interpretados. Estavam impotentes, tateando no escuro. Claro que a direção deles estava certa. Se tivessem estado no Oriente, teriam se tornado budas. Tinham o potencial – um grande potencial, uma grande percepção. Concordo com eles em muitos pontos.

D. H. Lawrence foi contra a sua assim chamada educação – não é educação, é deseducação. A verdadeira educação só pode ser baseada no amor, não no conhecimento. A verdadeira educação não deve ser utilitária, a verdadeira educação não deve ser comercial. Não que a verdadeira educação não lhe dê conhecimento. Primeiro, a verdadeira educação preparará seu coração, seu amor e, então, qualquer conhecimento necessário para passar pela vida lhe será dado, mas será secundário. E nunca será avassalador, não será mais valioso que o amor.

Sempre que houver uma possibilidade de qualquer conflito entre amor e conhecimento, a verdadeira educação o ajudará a estar pronto para abandonar seu conhecimento e agir com amor. Ela lhe dará coragem, lhe dará aventura. Ela lhe dará espaço para viver, aceitando todos os riscos e as inseguranças, e o ajudará a estar pronto para se sacrificar se o amor exigir. Colocará o amor não apenas acima do conhecimento, mas até acima da vida, porque a vida não tem sentido sem amor. O amor sem a vida ainda é significativo. Mesmo que seu corpo morra, não faz diferença para sua energia amorosa. Ela continua, é eterna, não é um fenômeno do tempo.

Para ter um coração amoroso, você precisa de uma cabeça menos calculista. Para conseguir amar, você tem de ser capaz de se maravilhar. É por isso que sempre digo que reverência e inocência infantil estão profundamente relacionadas com a energia chamada amor. Na verdade, são nomes diferentes para a mesma coisa.

Dhammapada 5/6

Wu-wei e o caminho do coração – como estão inter-relacionados?

Eles não estão inter-relacionados, são a mesma coisa: apenas duas formas de dizer a mesma coisa.

Wu-wei significa ação sem ação. Significa fazer sem fazer. Significa permitir aquilo que você quer que aconteça. Não faça, permita que aconteça. E esse é o caminho do coração.

O caminho do coração significa o caminho do amor. Você pode "fazer" amor? É impossível fazer amor. Você pode estar em amor, mas não pode fazê-lo. No entanto, continuamos usando expressões como "fazer amor", que são tolas. Como você pode fazer amor? Quando o amor está presente, você não está. Quando o amor está presente, o manipulador, o criador, não está. O amor não permite nenhuma manobra de sua parte. Acontece. Acontece de repente, do nada. É um presente. Assim como a vida é um presente, o amor é um presente.

O caminho do coração ou o caminho do amor ou o caminho do *wu-wei*. Eles são todos iguais. Insistem que o executor seja abandonado, esquecido, e você tem de viver sua vida não como um manipulador. Você tem de viver sua vida como um fluxo do desconhecido. Não vá contra a corrente e não tente forçar o rio. Flua com o rio.

O rio já está indo para o mar. Basta se unificar com o rio e ele irá levá-lo ao mar. Não há necessidade de nadar. Relaxe e deixe o rio levar você. Relaxe e deixe a existência o possuir. Relaxe e deixe o todo assumir o papel.

Fazer significa que a parte está tentando fazer algo contra o todo, a parte está tentando ter vontade própria contra o todo.

Wu-wei significa que a parte entendeu que é apenas a parte e abandonou toda a luta. Agora o todo está fazendo, e a parte está feliz. O todo está dançando, e a parte está dançando com ele. Estar em sintonia com o todo, estar no ritmo do todo, estar em um profundo relacionamento orgástico com o todo, isso é o significado de *wu-wei*. E esse é o significado do amor.

É por isso que Jesus diz: "Deus é amor". Ele está criando um paralelo, porque na experiência do homem não há nada além do amor que se aproxime da divindade.

Veja: você nasceu, mas então não tinha consciência de nada. Foi um acontecimento. Mas isso já aconteceu, nada mais pode ser feito. Um dia você vai morrer, isso vai acontecer no futuro. Neste momento você está vivo. O nascimento aconteceu, a morte ainda não aconteceu. Entre os dois, há apenas uma possibilidade – o amor.

Estas são as três coisas básicas: nascimento, amor e morte. Todas acontecem. Mas o nascimento já aconteceu – agora você não consegue ter consciência dele. E a morte não aconteceu – como você pode ter consciência dela agora? Somente o amor é a possibilidade entre os dois, o que está acontecendo agora. Tome consciência dele e veja como acontece.

Não é nada de sua parte. Você não faz nada. Um dia, de repente, você sente um brilho. Um dia, de repente, sente uma energia surgindo. Nas mãos do desconhecido, o deus do amor bateu à porta. De repente, você não é mais o mesmo: o desânimo desapareceu, a monotonia desapareceu, aquele adormecimento desapareceu. De repente você está cantando e borbulhando de alegria, de repente você não é mais o mesmo. No pico, os vales são esquecidos, os vales escuros. A luz do sol e o pico – você fez alguma coisa por isso?

As pessoas continuam ensinando o amor. Como é possível amar? Por causa desse ensinamento, o amor se tornou impossível. A mãe continua dizendo à criança: "Me ame, sou sua mãe". Como a criança deve amar? Na verdade, o que deveria fazer? A criança não consegue pensar no que fazer, em como fazê-lo. E a mãe continua insistindo. E o pai continua insistindo: "Quando chego em casa, quero ver seu amor!". Daqui a pouco a criança será uma política, começará a política do amor – que não é amor de forma alguma. Ela começa a apelar para truques. Torna-se enganosa. Sorri quando a mãe se aproxima, e a mãe sente: "ela me ama".

Ela tem de fazer essas coisas porque depende deles, sua sobrevivência depende deles. Ela é indefesa. Torna--se uma diplomata. Não sente amor algum, mas tem de fingir. Então, o fingimento se torna tão profundamente arraigado que continua fingindo por toda a vida. E ama uma mulher porque é sua esposa; e ama um homem porque é seu marido. A pessoa tem de amar. O amor se torna um dever. Você consegue pensar em alguma possibilidade mais absurda? O amor se torna um dever, é preciso fazer isso. É um mandamento, é preciso cumpri-lo. É uma responsabilidade.

Ora, o amor verdadeiro nunca acontecerá a uma pessoa assim, a uma mente tão condicionada, porque o amor é sempre um acontecimento. Você é sempre pego de surpresa. De repente, do nada, ele chega até você. A flecha vem, atinge o coração. Você sente a dor, a doce dor, mas não sabe de onde vem nem como acontece. O amor ainda permanece nas mãos da existência. Isso é um acontecimento.

Outro dia mesmo eu estava lendo uma piada...

Friedrich Wilhelm I, que governou a Prússia no início do século XVIII, era um gordo excêntrico que não cumpria nenhuma cerimônia. Andava pelas ruas de Berlim desacompanhado e, quando alguém o desagradava – e ele se desagradava muito facilmente –, não hesitava em usar sua robusta bengala como um porrete. O rei, e se comportando assim!

Não é de admirar então que, quando os berlinenses o viam a distância, silenciosamente se afastassem dali. As ruas ficavam vazias. Sempre que o viam se aproximando, fugiam daqui e dali.

Uma vez, quando Friedrich Wilhelm andava pesadamente pelas ruas, um cidadão o espiou, mas, tarde demais, sua tentativa de escapar em silêncio por uma entrada lateral se revelou um fracasso.

"Você!", gritou Friedrich Wilhelm. "Aonde você vai?"

"Para casa, majestade", disse o cidadão, tremendo violentamente.
"Para a sua casa?"
"Não, vossa majestade."
"Casa de um amigo?"
"Não, vossa majestade."
"Por que você está entrando então?"

O pobre cidadão, temendo ser acusado de roubo, em uma cartada final, decidiu contar a verdade e falou: "Para evitar vossa majestade".

Friedrich Wilhelm franziu a testa.

"Para me evitar? Por quê?"
"Porque tenho medo de vossa majestade."

Friedrich Wilhelm prontamente ficou roxo e, erguendo o porrete, bateu nos ombros do homem, gritando:

"Você não deveria ter medo de mim! Você deveria me amar! Me ame, escória! Me ame!"

Como "se deve" amar? O amor não pode ser um dever. Ninguém pode ser obrigado a amar. Ninguém pode ser ordenado a amar. Não há como dizer a alguém para amar. Se acontecer, aconteceu. Se não acontecer, não aconteceu. A própria ideia de que você pode fazer algo sobre isso criou uma situação tal que o amor não está acontecendo a muitas pessoas. Raramente acontece a alguém. É tão raro quanto a divindade, porque a divindade é amor, porque o amor é divindade.

O poder do amor

Se você estiver disponível para o amor, também estará disponível para o divino. São a mesma coisa. O amor é o começo e a divindade é o fim. O amor é a porta do templo do divino.

O caminho do amor ou o caminho do coração significa simplesmente que nada está em suas mãos. Não perca seu tempo. O todo cuidará de si mesmo. Por favor, relaxe, permita que o todo o leve até você.

Nirvana, o último pesadelo 2

Osho,
Sei que Deus é amor, mas então por que tenho tanto medo dele?

Você não sabe que Deus é amor. Você me ouviu dizendo repetidas vezes que Deus é amor, então começou a repetir isso. É como um papagaio. Eu sei que Deus é amor, por isso é impossível ter medo de Deus. Como você pode ter medo do amor?

Medo e amor não podem coexistir, a coexistência é impossível. De fato, a mesma energia que se torna medo se torna amor. Se ela se tornar medo, não haverá mais energia disponível para se tornar amor. Se ela se tornar amor, o medo desaparecerá. É a mesma energia. Essa energia em um estado caótico é chamada de medo, e quando se torna um cosmos, quando está em profunda harmonia, é chamada de amor.

Você ainda não sabe que Deus é amor. Você diz: "Sei que Deus é amor...". Você já ouviu isso, mas não sabe. Isso é informação, apenas. Ainda não é conhecimento, não é sua experiência autêntica. E lembre-se sempre de que, a menos que algo se torne sua experiência autêntica, isso não vai transformá-lo. Daí o problema.

Você diz: "Sei que Deus é amor, mas então por que tenho tanto medo dele?". Você tem medo dele porque não sabe que Deus é amor. Os sacerdotes lhe dizem há séculos que Deus o vigia constantemente, que Deus quer que você seja assim e não assado, que esses são os Dez Mandamentos de Deus, siga-os. E, se não os seguir, Deus preparou um grande inferno para você. Um pai preparando o fogo do inferno para os próprios filhos? É impossível até de conceber. Os sacerdotes tornaram Deus tão feio apenas para dominar as pessoas, porque as pessoas só podem ser dominadas pelo medo.

Lembre-se disso: todo o segredo comercial dos sacerdotes – hindu, cristão, muçulmano, jainista e budista, suas filosofias diferem, mas seu segredo comercial é o mesmo –, o segredo comercial é sempre manter as pessoas com medo, tremendo. Se as pessoas estiverem com medo, estarão prontas para se submeter. Se as pessoas estiverem com medo, estarão prontas para serem escravas. Se as pessoas estiverem com medo, não conseguirão reunir coragem para se rebelar. O medo as mantém impotentes, o medo é um processo psicológico de castração. Isso tem sido feito há séculos: o medo tem sido a maior arma nas mãos dos sacerdotes, e eles o usaram muito deliberadamente.

> Jake, o filho dos Goldberg, recusava-se a levar a escola a sério. Nunca fazia dever de casa e estava constantemente matando aula.

O diretor sugeriu que o mandassem para uma *Yeshivá*. Os Goldberg o fizeram, mas, depois de algumas semanas, ele foi expulso de lá.

Os Goldberg sabiam que as escolas paroquiais católicas eram muito rigorosas, então decidiram enviar Jake a uma. Eles o matricularam na Escola para Meninos Cristo Rei, e advertiram o filho a se comportar e a fazer as lições, porque essa era sua última chance. Se fosse expulso, seria enviado a uma escola para menores infratores.

Depois de uma semana de escola paroquial, Jake chegou em casa com ótimas notas. Milagrosamente, havia se convertido em um estudante sério e bem-comportado.

"Como foi que você mudou de repente?", perguntou Goldberg.

"Bem", ele respondeu, "quando vi um homem pendurado em uma cruz em todos os cômodos, achei que seria melhor não ser mais um cara esperto".

Faça as pessoas terem medo, faça-as ficarem tremendo! Deixe que saibam que Deus é ditatorial, um Deus muito zangado, ciumento, absolutamente incapaz de perdoar se você desobedecer. A desobediência é o maior pecado aos olhos dos sacerdotes. Daí, Adão e Eva terem sido expulsos. Não tinham cometido um pecado tão grande. O que realmente fizeram? Nem há muito o que falar a respeito, mas os padres têm falado sobre isso há séculos. E Deus ficou tão zangado que não só Adão e Eva foram expulsos do Jardim do Éden, do paraíso, mas com eles toda a humanidade!

Você está sofrendo porque Adão e Eva desobedeceram. Você não fez nada de errado. Está sofrendo pelos pecados deles porque é descendente deles. O pecado é tão grande que não só essas pessoas são punidas, mas por milhares e milhares de anos seus descendentes também têm de ser punidos!

E, na verdade, qual foi o pecado? Por que tanto barulho é feito sobre isso? Foi tão inocente, tão natural, que não posso conceber como Adão e Eva poderiam ter evitado. Se alguém é responsável por isso, o próprio Deus é responsável. Havia milhões de árvores no Jardim do Éden, e havia apenas uma árvore da qual Deus não queria que Adão e Eva comessem – apenas uma árvore, a proibida. E a razão pela qual ela foi proibida também parece ser muito feia. A razão é que, se você comer o fruto da árvore do conhecimento, você se tornará como Deus, e Deus é muito ciumento. Veja a razão pela qual a árvore foi proibida: a razão é que, se você comer da árvore, desta árvore, a árvore do conhecimento, você se tornará imortal, como os deuses. Você saberá tanto quanto Deus sabe – e isso é intolerável. Então Deus protegeu aquela árvore especialmente para si mesmo – devia estar comendo da árvore do conhecimento, proibindo Adão e Eva.

Então, isso é exatamente o que todo pai faz. Ele fuma, e proíbe os filhos: "Não fume. Faz mal. Faz mal para você!". Mas como o pai fica bonito ao fumar, as crianças ficam encantadas. Também gostariam de ser como o pai, e ele parece tão viril quando está fumando um charuto, parece tão orgulhoso! Quando fuma seu charuto, descansando em sua cadeira, lendo o jornal, parece estar mais orgulhoso do que nunca. As crianças ficam atraídas. Quando o pai não está presente, também se sentam na mesma cadeira, abrem o mesmo jornal, embora não possam ler, e começam a dar baforadas. E isso lhes dá grande alegria porque lhes dá um grande ego.

De fato, proibir é convidar. Dizer às crianças: "Não faça isso!" é pedir por problemas.

Eu morava com uma família. Houve um problema: o pai era fumante, fumante inveterado, e um professor muito conhecido em uma universidade. Mas ele estava preocupado: ele me perguntou o que fazer. Tinha apenas um filho e temia que, cedo ou tarde, o filho começasse a fumar. Eu disse:

"Faça uma coisa... o melhor caminho é dar cigarros ao seu filho, é lhe oferecer cigarros e lhe dizer para fumar o quanto quiser".

Ele disse: "O que você está dizendo? Está louco ou está brincando?".

Respondi: "Então deixe comigo. Vou administrar isso".

Ofereci um cigarro ao filho dele. Ele disse: "Mas você não fuma".

Falei: "Essa é outra questão – não se preocupe comigo. Mas você aprende! É uma das coisas mais bonitas da vida!".

Ele perguntou novamente: "Mas, então, por que você não fuma?".

Falei: "Me deixe fora disso – não sou uma pessoa muito inteligente. Olhe para o seu pai! Se sou estúpido, você vai ser estúpido?".

Tive muita dificuldade em convencê-lo, porque a pergunta que ele estava fazendo repetidas vezes era: "Você me diz para fumar, mas por que não fuma?".

Eu disse:

"Tente, então você vai saber!".

Então ele tentou, e jogou o cigarro fora. E disse:

"Agora sei por que você não fuma. E por que insistiu? Por que tentou me convencer? É horrível, repugnante!".

Ele tossia e lágrimas desciam de seus olhos – e foi assim, e acabou. E eu disse ao pai dele:
"Nunca diga para a criança: 'não fume'".

Lembre-se da antiga história de Adão e Eva. Se eu fosse Deus, teria levado Adão e Eva à árvore do conhecimento e os teria forçado a comer até começarem a vomitar, e isso teria sido o fim de toda a história. Mas Deus lhes disse para não comer daquela árvore. Foi um convite. Não precisava de nenhuma serpente.

A serpente foi uma invenção dos sacerdotes para que Deus pudesse ser preservado, a responsabilidade seria jogada sobre a pobre serpente. A pobre serpente não teve nada a ver com aquilo, era absolutamente inocente. Você já viu alguma serpente persuadir uma mulher a fazer alguma coisa? E por que a serpente deveria estar interessada? Se a serpente quisesse comer, ninguém a estava proibindo. Por que deveria seduzir Eva a comer o fruto da árvore do conhecimento? O que ganharia se Adão e Eva se tornassem conhecedores? Não, a serpente foi uma invenção para que a responsabilidade pudesse ser jogada sobre ela. Mas se você se aprofundar na história, é simples: Deus é responsável. Primeiro, você força uma ordem sobre as pessoas, e sua força simplesmente cria uma resistência nelas, cria um grande desejo de desobedecer. Então, a desobediência é pecado – a desobediência é o maior pecado. E você tem de criar o inferno e todos os tipos de punição, e você tem de manter as pessoas com medo.

A história foi inventada pelos sacerdotes para deixar o homem com medo. Os sacerdotes nunca quiseram que o homem se tornasse inteligente, porque as pessoas inteligentes são perigosas – perigosas para o *status quo*, para o *establishment*, perigosas para os interesses investidos. Os sacerdotes queriam que o povo permanecesse totalmente ignorante e estúpido. Por séculos, sequer permitiram que as pessoas lessem as escrituras. Ainda hoje, em muitas religiões, as mulheres não podem ler as escrituras. Mesmo assim, uma conspiração muito profunda continua. A conspiração de que todas as escrituras estão em línguas mortas, ninguém as entende, somente os sacerdotes. Os padres permaneceram poderosos durante séculos porque eram os únicos que conheciam as línguas. As escrituras estavam no antigo sânscrito, hebraico, árabe, grego, latim – línguas antigas que não são mais faladas. Há até a suspeita de que existam algumas línguas que nunca foram faladas. Por exemplo, o sânscrito parece ser uma das línguas que nunca foi falada. Sempre foi a linguagem dos estudiosos, não do povo; dos gurus, não das massas.

Na Índia, havia duas línguas: uma se chamava prácrito, que significa "o natural", aquilo que é falado pelo povo. E sânscrito, que significa literalmente "o refinado", "o aristocrático", o que é falado somente pelos intelectuais e acadêmicos das universidades. Todas as grandes escrituras foram escritas em sânscrito.

Deixaram que Mahavira e Buda falassem pela primeira vez na língua do povo – e os brâmanes da Índia nunca conseguiram perdoar essas duas pessoas por esse pecado. Falar na língua do povo significa o fim do poder dos sacerdotes. Se as pessoas se tornarem conhecedoras, se souberem o que está escrito nas escrituras, não serão tão facilmente enganadas. De fato, você pode adorar os Vedas apenas se não os entender. Se você os entende, 99% são apenas lixo. Um por cento é ouro puro, certamenter, mas 99% são puro lixo. Mas, se não entender, tudo é ouro. Na escuridão, qualquer coisa pode ser dada a você com as palavras: "É ouro – adore!". E durante séculos os Vedas foram adorados.

Os sacerdotes queriam que você adorasse as escrituras, não que as entendesse. Porque, se você entender as escrituras, mais cedo ou mais tarde uma coisa ficará clara: a escritura não é a verdadeira fonte. Cedo ou tarde, você está fadado a tropeçar na verdade: "Krishna está falando a partir de um estado meditativo, Cristo está falando a partir de um estado meditativo. O que ele está dizendo é secundário, de onde ele está falando é primário. A menos que eu alcance esse estado de consciência, não conseguirei entender as palavras, porque essas palavras em si mesmas são vazias, o significado só pode vir por meio da experiência". As escrituras eram proibidas, eram um pecado... Somente os brâmanes, os sacerdotes, a mais alta casta podia lê-las.

Em todo o mundo, a conspiração continua. Ainda hoje, as orações são feitas em línguas mortas. Você não sabe o que está dizendo. Como pode sentir alguma coisa quando não sabe o que está dizendo? Como aquilo pode surgir do seu sentimento e do seu coração? Sua oração se torna exatamente como um disco de gramofone, "A Voz do Mestre", uma repetição. E você espera que, repetindo rituais mortos, chegue a algum lugar. Você simplesmente desperdiçará sua vida.

E surge um grande medo: "Não sei de onde venho, quem sou, para onde estou indo. Tudo em volta é escuridão e treva, escuridão infinita, e não há uma única luz na vida". Então você tem de ir ao sacerdote e reverenciá-lo. Tem de pedir orientação. Este é o segredo comercial: mantenha as pessoas com medo. E você só conseguirá manter as pessoas com medo se as mantiver ignorantes. Deixe-as permanecer trêmulas, então estarão sempre prontas a tocar seus pés, prontas para obedecer a você, porque você representa Deus, e desobedecê-lo é perigoso, muito perigoso. Elas serão lançadas no inferno pela eternidade.

> Greenberg, malvestido e carregando dois sacos de papel, foi detido por um inspetor da alfândega.
> "O que você tem nesses sacos?", perguntou o oficial.
> "Tenho 25 mil dólares aqui, que estou trazendo a Israel para doar."
> "Fala sério", zombou o funcionário, "você não parece ter dinheiro nem para uma refeição, como poderia doar 25 mil dólares para o estado de Israel?"
> "Bem, sabe, eu tinha um emprego em um banheiro masculino e, quando os homens entravam, eu dizia a eles: 'Doem para ajudar Israel ou vou cortar suas bolas'."
> "Tudo bem, então você tem 25 mil dólares em um saco, mas o que está no outro saco?"
> "Alguns homens não quiseram doar."

Isso é o que os sacerdotes têm feito: destruindo suas entranhas, destruindo sua coragem, destruindo seu autor-respeito, destruindo sua autoconfiança.

Você diz: "Sei que Deus é amor, mas então por que tenho tanto medo dele?". Você ainda está cercado pelas besteiras com que os sacerdotes encheram sua cabeça, está cheio desse lixo. Leva tempo para se livrar dele. Realmente leva muito tempo, porque isso vem acontecendo há séculos. Tem sido uma história tão longa e feia que é um fenômeno raro encontrar uma pessoa que possa escapar dela.

Todo o meu esforço aqui é para ajudá-lo a escapar disso. Sou contra todo o negócio do sacerdócio. Quero que você fique cara a cara com Deus sem nenhum sacerdote, sem qualquer sacerdócio. Deus é seu, você é de Deus, não há necessidade de mediador. A função do mestre não é se tornar um mediador entre você e Deus. Pelo contrário: a função do mestre é retirar tudo que está entre você e Deus. Ele mesmo se retira no último ponto. Entre você e seu Deus ele não fica mais. Permanece apenas até certo ponto, enquanto outras coisas estão sendo removidas. Quando todo o resto é removido, ele se remove. Essa é a última coisa que o mestre faz. E, no momento em que o mestre se remove, não fica mais entre você e Deus, é nesse momento que você sabe que toda a existência é amor.

É do material chamado amor que o universo é feito.

Jesus diz: "Deus é amor". Eu lhe digo que o amor é Deus. Quando Jesus diz: "Deus é amor", é possível que Deus seja muitas outras coisas também; o amor é apenas um atributo. Quando digo que o amor é Deus, digo que o amor é a única qualidade. Não há nada em Deus além de amor. Na verdade, trata-se de outro nome para o amor. Você pode abandonar o nome "Deus", nada será perdido. Deixe o amor ser seu deus.

Mas você terá de se livrar dos sacerdotes. Terá de se livrar de suas supostas religiões, igrejas, templos, rituais, escrituras. Há muito lixo que precisa ser eliminado. É um grande trabalho, porque lhe disseram que isso é muito precioso – o lixo foi imposto a você como se fosse ouro e, como lhe foi dito muitas vezes, você ficou condicionado. As pessoas ficam condicionadas a ver certas coisas. Quando há um condicionamento, você olha para as coisas através desse condicionamento e assim elas lhe parecem.

Dois homens estavam sentados sob uma árvore. Um era hindu, outro era muçulmano. Pássaros cantavam, era uma bela manhã de primavera. Os dois escutaram por um tempo, depois o hindu disse:

> "Você consegue ouvir? Todos os pássaros estão ressoando o som OM. Consigo ouvir. Pratico OM há trinta anos e agora consegui decifrá-lo com muita facilidade. Todos os pássaros estão ressoando com o mesmo som: o som insondável, o antigo som dos hindus, OMKAR".

O muçulmano riu e disse:

> "Bobagem! Também tenho praticado minhas orações. Os pássaros não estão dizendo OM, estão dizendo AMIN".

Orações muçulmanas e orações cristãs terminam com AMIN; os cristãos dizem AMÉM, os muçulmanos dizem AMIN. As orações hindus terminam com OM. Com certeza há uma verdade em algum lugar, parcialmente expressa por todos os três. Quando a mente se torna absolutamente silenciosa, um som é ouvido. Se você for hindu, você o interpretará como OM; se for muçulmano, como AMIN; se for cristão, como AMÉM, mas ninguém pode dizer com certeza o que é. De fato, pode ser interpretado de muitas maneiras. É a sua interpretação que é imposta a ele.

Se perguntar a um verdadeiro místico, alguém que não seja nem hindu nem muçulmano nem cristão, ele dirá: "Sente-se silenciosamente ao meu lado e ouça. Não há necessidade de interpretá-lo, porque o que dissermos sobre ele será nossa imposição, será nossa ideia imposta ao som. Apenas ouça, sente-se em silêncio – estou ouvindo, ouça também. Eu sei, você saberá. Não há necessidade de dizer nada sobre ele".

Dizem que uma vez...

Um grande místico, Farid, conheceu Kabir, outro grande místico. Por dois dias ficaram sentados em silêncio. É, às vezes riam, riam sem motivo algum, e às vezes se abraçavam e se beijavam, mas nenhuma palavra era dita. Quase mil pessoas se reuniram – os discípulos dos dois – com grande expectativa de que algo seria comunicado, e ninguém queria perder tamanha oportunidade. Kabir dizendo algo a Farid seria algo raro, e Farid dizendo algo a Kabir seria algo que só é ouvido uma vez em um século.

Mas dois dias se passaram e os discípulos ficaram aborrecidos e entediados. E quanto mais ficavam entediados, mais os místicos riam, se abraçavam e se beijavam. Então chegou a hora da partida. Farid tinha de ir embora. Kabir saiu da cidade para se despedir dele, só para dar adeus. Novamente se abraçaram, novamente riram, e então partiram.

Os discípulos de Farid seguiram Farid e os discípulos de Kabir seguiram Kabir de volta para casa. Quando estavam sozinhos, os discípulos de Farid perguntaram:

"O que deu errado? Você está sempre falando conosco – o que aconteceu? Por que ficou mudo? Por que não falou por dois dias, e o que era aquilo de ficar rindo?".

Farid respondeu:

"Não havia necessidade de dizer nada, porque ouço a mesma coisa que ele ouve, vejo a mesma coisa que ele vê, então qual é o sentido de dizer algo a ele? Teria sido absolutamente tolo da minha parte. Quando sei que ele ouve o mesmo, vê o mesmo, é o mesmo – estamos nos deparando com a mesma realidade –, qual é o sentido de dizer isso?".

Então perguntaram:

"Então por que você dava risadinhas?".

E ele disse:

"Rimos por causa de vocês, porque estavam ficando tão entediados! Estávamos rindo de vocês. Vocês vieram nos ouvir falar – foram tolos, perderam uma grande oportunidade. Dois mestres estavam lá, completamente silenciosos; dois poços de energia silenciosa, duas portas abertas simultaneamente à existência, e vocês perderam. Queriam palavras, algum barulho. Poderiam ter se sentado em silêncio, poderiam ter se tornado parte do nosso silêncio. Poderiam ter ficado *en rapport* conosco. Vocês não fizeram isso – estavam entediados, estavam cansados, estavam bocejando. E simplesmente olhando para vocês nós rimos, rimos dos tolos que reunimos!".

Nada pode ser dito. Quando você sabe, não há como expressar. Mas se quiser expressar, então a palavra que mais se aproxima de Deus é *amor*. Até isso é apenas aproximado, embora muito próximo. E a palavra *Deus* ficou associada às pessoas erradas, às noções erradas. Na verdade, muitas pessoas se sentem ofendidas quando você pronuncia a palavra *Deus*.

Não tenho apego a essa palavra, você pode abandoná-la. Mas lembre-se do amor. Não posso lhe dizer para abandoná-lo, porque sem amor você nunca alcançará Deus. Sem Deus você pode amar, e Deus está sujeito a entrar, quer você saiba ou não, quer você acredite em Deus ou não. A crença não é um requisito: o amor é uma necessidade absoluta, uma obrigação. Você me ouviu dizer que Deus é amor. Experimente-o, e todo o medo desaparecerá. E comece a abandonar os sacerdotes e os séculos de condicionamento errado. Eles o deixaram com medo.

Na realidade, os sacerdotes são inimigos de Deus, porque, quanto mais as pessoas temem a Deus, menor é a possibilidade de conhecerem a Deus – porque o medo é um muro, não uma ponte. O amor é uma ponte, não um muro. Claro, o medo ajuda os sacerdotes a viver e a explorar você, mas isso o priva de Deus. Sacerdotes estão a serviço do diabo. Se há alguém com o diabo, então os sacerdotes estão a seu serviço, não estão a serviço de Deus.

É por isso que há tantas religiões, mas a terra permanece irreligiosa, totalmente irreligiosa. Tantos templos, igrejas e mesquitas e ainda assim você não vê a fragrância da religião. Não vê os rostos das pessoas cheios de graça, os olhos cheios de silêncio, os pés dançando, suas vidas demonstrando que a piedade está ali. Podem dizer que acreditam em Deus, mas suas vidas dizem outra coisa totalmente diferente. Suas vidas mostram absoluta irreligiosidade, desonestidade, falta de autenticidade, insinceridade, ódio, raiva, ganância – sem oração, sem amor, sem compaixão, sem meditação.

Medite, ame e esqueça os sacerdotes. Expulse-os do seu ser. Você está sofrendo de impedimentos.

Dhammapada 2/4

5.
Amor: o poder mais puro

O amor tem imenso poder, mas um tipo muito diferente de poder. Estamos familiarizados com o poder da violência e da agressão, estamos familiarizados com o poder animal – o poder destrutivo. É por isso que continuamos escrevendo histórias sobre Alexandre o Grande, Gengis Khan, Tamerlão, Nadir Xá, Adolf Hitler, Joseph Stálin, e assim por diante. Essas pessoas têm certo poder, mas esse é o poder da violência, da agressão, da destruição. É contra Deus, é contra a existência. Essas pessoas são realmente criminosas. A história precisa ser reescrita, essas pessoas devem ser completamente removidas da história como se nunca tivessem existido. As crianças não devem ser envenenadas com seus nomes.

A história deve se interessar por Gautama Buda, Jesus Cristo, Zaratustra, Krishna, Kabir, Meera, Rabiya – homens e mulheres de amor. Eles também têm poder, mas é um tipo de poder totalmente diferente, que cria. Destruir é muito fácil. Qualquer criança pode fazê-lo, qualquer tolo pode fazê-lo, não precisa de inteligência. Mas para criar é preciso grande inteligência. Isso só pode ser feito por pessoas que experimentam beleza, verdade e amor.

O poder do amor

Osho,
Quando você fala sobre o conceito de vontade de Nietzsche, é um polo tão oposto ao conceito de vontade que os nazistas desenvolveram a partir da mesma fonte e que ainda é tão predominante no Ocidente. Você poderia falar sobre a diferença?

É o destino do gênio ser incompreendido. Se um gênio não é incompreendido, não é um gênio. Se as massas podem entender, significa que a pessoa fala no mesmo nível em que a inteligência comum se encontra.

Friedrich Nietzsche é mal interpretado e, devido a essa má interpretação, houve um tremendo desastre. Talvez fosse inevitável. Para entender um homem como Nietzsche, você precisa ter pelo menos o mesmo padrão de consciência, se não superior. Adolf Hitler é tão retardado que é impossível pensar que ele possa entender o significado de Nietzsche, mas ele se tornou o profeta da filosofia de Nietzsche. E, de acordo com sua mente retardada, interpretou – não somente interpretou, mas agiu de acordo com essas interpretações –, e o resultado foi a Segunda Guerra Mundial.

Quando Nietzsche fala sobre "vontade de potência", não tem nada a ver com vontade de domínio. Mas esse é o significado que os nazistas lhe deram.

"A vontade de potência" é diametralmente oposta à vontade de domínio. A vontade de domínio vem do complexo de inferioridade. Um quer dominar os outros apenas para provar a si mesmo que não é inferior – que é superior. Mas precisa provar isso. Sem prova, sabe que é inferior, tem de encobrir muitas, muitas provas.

Amor: o poder mais puro

O homem realmente superior não precisa de provas, é simplesmente superior. Uma rosa argumenta sobre sua beleza? A lua cheia se preocupa em provar sua glória? O homem superior simplesmente sabe disso, não há necessidade de prova. Portanto, ele não tem vontade de dominar. Certamente tem "vontade de potência", mas então você tem de fazer uma distinção muito específica. Sua vontade de potência significa: ele quer crescer até sua expressão mais completa.

Não tem nada a ver com os outros, sua preocupação é o próprio indivíduo. Ele quer florescer, trazer todas as flores que estão escondidas em seu potencial, subir o mais alto possível no céu. Nem é comparativo, não está tentando se elevar mais que os outros – está simplesmente tentando alcançar seu potencial máximo.

"Vontade de potência" é absolutamente individual. É querer chegar ao ponto mais alto do céu, querer ter um diálogo com as estrelas, mas não se preocupar em provar que alguém é inferior. Não é competitivo, não é comparativo.

Adolf Hitler e seus seguidores, os nazistas, causaram muito mal ao mundo porque o impediram de entender Friedrich Nietzsche e seu verdadeiro significado. E não só com relação a esse conceito, mas a todos os outros também, todos tiveram o mesmo tipo de mal-entendido.

É um destino tão triste, que nunca ocorreu a nenhum grande místico ou grande poeta antes de Nietzsche. A crucificação de Jesus e o envenenamento de Sócrates não foram destinos tão ruins quanto o de Friedrich Nietzsche

– ser mal-entendido em uma escala tão grande que Adolf Hitler conseguiu matar mais de 8 milhões de pessoas em nome de Friedrich Nietzsche e sua filosofia. Vai levar um tempinho... Quando Adolf Hitler, os nazistas e a Segunda Guerra Mundial forem esquecidos, Nietzsche voltará à verdadeira luz. Ele está voltando. Outro dia, os *sannyasins* do Japão me informaram que meus livros estão vendendo muito em sua língua, e, ao lado deles, estão os de Friedrich Nietzsche – seus livros também estão vendendo bem. Apenas alguns dias antes, a mesma informação veio da Coreia. Talvez as pessoas possam estar encontrando algo semelhante neles. Mas Friedrich Nietzsche deve ser reinterpretado de modo que todo o absurdo que os nazistas colocaram sobre sua bela filosofia possa ser jogado fora. Ele tem de ser purificado, precisa de um batismo.

> O pequeno Sammy conta ao avô sobre o grande cientista Albert Einstein e sua teoria da relatividade.
> "Ah, sim", diz o avô, "e o que diz a teoria?"
> "Nossa professora diz que apenas algumas pessoas no mundo conseguem entender", explica o menino, "mas ela nos disse o que significa. A relatividade é assim: se um homem se senta por uma hora com uma garota bonita, parece um minuto; mas se fica sentado em um fogão quente por um minuto, parece uma hora – e essa é a teoria da relatividade."
> O avô fica em silêncio e balança a cabeça devagar.
> "Sammy", ele diz com calma, "é com isso que seu Einstein ganha a vida?"

As pessoas entendem de acordo com o próprio nível de consciência.

Amor: o poder mais puro

Foi apenas uma coincidência que Nietzsche tenha caído nas mãos dos nazistas. Precisavam de uma filosofia para a guerra, e Nietzsche aprecia a beleza do guerreiro. Queriam alguma ideia pela qual lutar, e Nietzsche lhes dava uma boa desculpa – pelo super-homem. Claro, imediatamente se apoderaram da ideia do super-homem. Os arianos alemães nórdicos seriam a nova raça de homens de Nietzsche, os super-homens. Queriam dominar o mundo, e Nietzsche foi muito útil porque disse que o anseio mais profundo do homem é a "vontade de potência". Eles mudaram isso para a vontade de domínio.

Agora tinham toda a filosofia: os arianos alemães nórdicos são a raça superior porque vão dar à luz o super-homem. Eles têm a vontade de potência e vão dominar o mundo. Esse é o seu destino – dominar os seres humanos inferiores. Obviamente, a aritmética é simples: o superior deve dominar o inferior.

São belos conceitos... Nietzsche jamais poderia imaginar que se tornariam tão perigosos, um pesadelo para a humanidade. Mas você não pode evitar ser mal-interpretado, não pode fazer nada sobre isso.

Um bêbado que cheirava a uísque, charutos e perfume barato subiu vacilante os degraus do ônibus, cambaleou pelo corredor e se sentou ao lado de um padre católico.

O bêbado deu uma olhada demorada em seu parceiro de assento escandalizado e disse:

"Ei, padre, tenho uma pergunta para o senhor. O que é que causa artrite?".

A resposta do padre foi curta e grossa:

"Viver de modo amoral, beber demais, fumar e andar com mulheres promíscuas."
"Bem, então eu vou ser amaldiçoado!", disse o bêbado.
Eles ficaram em silêncio por um instante. O padre começou a se sentir culpado por ter reagido com tanta rigidez a um homem que obviamente precisava da compaixão cristã. Virou-se para o bêbado e disse:
"Sinto muito, meu filho. Não queria ser duro. Há quanto tempo você sofre dessa terrível aflição da artrite?".
"Minha aflição?", disse o bêbado. "Não tenho artrite. Eu estava lendo no jornal que o papa tinha."

Agora, o que você pode fazer? Uma vez que tenha dito algo, em seguida tudo depende da outra pessoa e do que ela fará com isso.

Mas Nietzsche é tão imensamente importante que ele tem de limpar todo o lixo que os nazistas colocaram em suas ideias. E o mais estranho é que não apenas os nazistas, mas outros filósofos pelo mundo também o entenderam mal. Talvez ele tenha sido um gênio tão grande que os supostos grandes homens também não foram capazes de entendê-lo.

Ele estava trazendo tantos *insights* novos ao mundo do pensamento que até mesmo um único *insight* o teria tornado um dos grandes filósofos do mundo – e ele tem dúzias de *insights* absolutamente originais, sobre os quais o homem nunca pensou. Se bem entendido, Nietzsche certamente poderia criar a atmosfera e o solo certos para o super-homem nascer. Ele poderia ajudar a humanidade a ser transformada. Tenho muito respeito por ele e também uma grande tristeza por ele ter sido mal-interpretado – não apenas mal-interpretado, mas forçado a entrar em um hospício.

Os médicos declararam que ele estava louco. Seus *insights* eram tão distantes da mente comum que a mente comum se sentiu muito feliz em declará-lo louco: "Se não está louco, então somos muito ordinários". Ele tem de estar louco, tem de ser forçado a entrar em um hospício.

Meu sentimento é de que ele nunca foi louco. Estava muito à frente de seu tempo, e era sincero, sincero demais. Disse exatamente o que experimentou sem se preocupar com políticos, sacerdotes e outros pigmeus. Mas esses pigmeus eram tantos e o homem estava tão sozinho que eles não quiseram ouvir que ele não estava louco. E a prova de que não estava louco é seu último livro, que ele escreveu no hospício. Mas sou o primeiro homem que está dizendo que ele não estava louco. Parece que todo esse mundo é tão esperto, tão politicamente direcionado, que as pessoas dizem apenas coisas que lhe dão reputação, que lhe dão aplausos da multidão. Mesmo seus grandes pensadores não são tão grandes.

O livro que ele escreveu no hospício é seu maior trabalho, e é uma prova absoluta, porque um homem louco não poderia escrevê-lo. Seu último livro é *Vontade de potência*. Ele não chegou a ver impresso, porque quem vai imprimir um livro de um louco? Ele bateu na porta de muitas editoras, mas foi recusado – e agora todos concordam que esse é seu maior trabalho. Após sua morte, sua irmã vendeu a casa e outras coisas para publicar o livro, porque esse era seu último desejo, mas ele não o viu impresso.

Ele estava louco? Ou vivemos em um mundo louco? Se um louco pode escrever um livro como *Vontade de potência*, então é melhor ser louco do que ser saudável como Ronald

O poder do amor

Reagan, que acumula armas nucleares – há milhares de pessoas empregadas na criação de armas nucleares 24 horas por dia. Você chama esse homem de saudável e chama Friedrich Nietzsche de louco?

> Um velho índio estava sentado em um bar, quando um hippie de cabelos compridos, barbudo e sujo irrompeu no lugar e pediu uma bebida. Os insultos atrevidos do hippie levaram todos os outros a saírem do bar, mas o velho índio continuou sentado assistindo calmamente. O velho hippie se virou para ele e disse: "Ei, homem vermelho, por que diabos você está me encarando? Está louco?".
> "Não", respondeu o índio, "vinte anos atrás fui preso por fazer amor com um búfalo. Achei que você pudesse ser meu filho".

Osho,
Como posso usar minha potência sem perder meu amor?
Como posso usar esse poder e ainda manter o coração aberto? Para mim, amor e poder parecem ser contraditórios.
Realmente são? Poderia falar sobre isso, por favor?

A pergunta que você está fazendo é exatamente igual à pergunta que o entrevistador anterior fez. Você cometeu o mesmo mal-entendido, embora não esteja relacionado a Friedrich Nietzsche. Está basicamente perguntando: "Como posso usar minha potência sem perder meu amor? Como posso usar meu poder e ainda manter o coração aberto? Para mim, amor e poder parecem ser contraditórios".

Esse é o seu mal-entendido.

Amor e poder não são contraditórios.

Amor: o poder mais puro

O amor é o maior poder do mundo.

Mas você tem de entender de novo: por poder não quero dizer poder sobre os outros. Poder sobre os outros não é amor, poder sobre os outros é puro ódio, é veneno, é destrutivo.

Mas, para mim, e para quem sabe, o amor em si é poder – e o maior poder, porque não há nada mais criativo que o amor. Não há nada mais gratificante que o amor, não há nada mais nutritivo que o amor. Quando você ama, todos os medos desaparecem. E quando você se torna amor, até a morte se torna irrelevante.

Jesus não está muito longe da verdade quando diz: "Deus é amor". Certamente, Deus é poder, o maior poder. Quero melhorar o que Jesus diz: Eu não digo que Deus é amor, digo que amor é Deus. Para mim, Deus é só um símbolo, e o amor é uma realidade. Deus é só um mito – o amor é a experiência de milhões de pessoas. Deus é só uma palavra, mas o amor pode se tornar uma dança em seu coração.

Seu mal-entendido é que você acha que poder significa poder sobre os outros. E não é apenas o seu mal-entendido, é o mal-entendido de milhões de pessoas. E, por causa desse mal-entendido, destroem toda a beleza do amor. Em vez de criarem um paraíso, criam um inferno uns para os outros, porque todos tentam dominar todos os outros – em nome do amor, mas no fundo pelo desejo de domínio.

O amor em si é incondicional. Sabe apenas dar, compartilhar, e não conhece nenhum desejo de receber algo em troca. Não pede resposta. Sua alegria e sua recompensa estão em compartilhar. E seu poder está em seu compartilhamento.

O poder do amor

É tão poderoso que pode ser compartilhado com milhões de pessoas, e ainda assim o coração continua transbordando de amor – é inesgotável. Esse é seu poder.

Você está perguntando: "Como posso usar minha potência sem perder meu amor?". Se quiser dominar, certamente terá de perder seu amor. Mas, se quiser amar, você poderá amar tão poderosamente quanto desejar.

Não há contradição entre poder e amor. Se houver uma contradição entre poder e amor, então o amor se tornará débil, se tornará impotente, sem criatividade, fraco; o poder se tornará perigoso, destrutivo – começará a gostar de torturar as pessoas.

Amor e poder separados são a tristeza do mundo. Amor e poder juntos, como uma energia, podem se tornar uma grande transformação. A vida pode se tornar uma bem-aventurança. E é apenas uma questão de abandonar um mal-entendido.

É como se estivesse pensando que dois mais dois são cinco, e então alguém lhe diz que você está calculando errado: dois mais dois não é igual a cinco, dois mais dois são quatro. Você acha que será preciso muita austeridade para mudar seu equívoco? Terá de se esforçar por horas para mudar a ideia de que dois mais dois é igual a quatro, ou cinco? Ou terá de fazer jejum até a morte para mudar seu equívoco? Ou terá de renunciar ao mundo e a todos os prazeres porque seu cálculo está errado e você tem de purificar sua alma primeiro, caso contrário você não pode calcular corretamente.

Estes são cálculos simples, e um homem de entendimento pode mudá-los em um segundo. É só uma questão de ver onde você se desviou. Volte.

"Noite passada tive um sonho muito estranho", disse um homem ao psiquiatra. "Vi minha mãe, mas, quando ela se virou e olhou para mim, percebi que ela tinha o seu rosto. Como você pode imaginar, achei muito perturbador, então acordei imediatamente e não consegui voltar a dormir. Fiquei deitado na cama esperando a manhã chegar e depois me levantei, tomei uma Coca-Cola e vim direto para a consulta aqui. Achei que você poderia me ajudar a explicar o significado desse sonho estranho."

O psiquiatra ficou em silêncio por alguns momentos antes de responder:

"Uma Coca-Cola? Você chama isso de café da manhã?".

O pobre rapaz veio para entender o sonho, por que o rosto de sua mãe se transformou no rosto de seu psiquiatra, mas esse não é o problema para o psiquiatra. Para ele, o problema é: "Uma Coca-Cola? Você chama isso de café da manhã?".

Observe as pessoas falando e ficará surpreso – em todos os lugares há mal-entendidos. Você está dizendo uma coisa e outra coisa é entendida; alguém está dizendo uma coisa e você entende outra.

O mundo seria um lugar mais silencioso e pacífico se as pessoas dissessem apenas 5% do que estão dizendo – embora esses 5% cubram absolutamente tudo que é essencial. E não estou me baseando em um ponto mínimo – esse é o máximo! Pode tentar: fale apenas o essencial, como se enviasse um telegrama, então tem de escolher apenas dez palavras. E você observou? Seu telegrama significa mais que sua longa carta, é condensado. Seja telegráfico e ficará surpreso como são poucas as vezes em que você terá de falar durante o dia.

Um matemático aposentado morava no meu bairro. Por toda a vida tinha sido professor, e foi muito difícil para ele se aposentar. Sua esposa já não falava com ele havia anos, "porque", disse ela, "ele é muito chato! É melhor não falar com ele. Ele imediatamente entra na matemática".

Nenhum outro vizinho era acolhedor com ele. Um dos meus vizinhos estava preocupado comigo, porque esse homem costumava me procurar e ficar por horas comigo. Ele estava preocupado que aquele velho sujeito estivesse me torturando. Ele veio me dar uma sugestão. Disse: "Vou lhe dar uma sugestão de como se livrar desse velho. Sempre que o vir chegando, apenas pegue o guarda-chuva, fique à porta como se estivesse indo a algum lugar, e ele perguntará: 'Onde você está indo?', e você pode dizer que está indo a qualquer lugar".

Falei: "Você não conhece esse homem! Se eu disser que estou indo a qualquer lugar, ele dirá: 'Vou junto', e será torturante. É melhor aqui. E não é uma tortura, eu gosto, porque não tenho nada a dizer. Simplesmente me sento em silêncio. Ele faz tudo sozinho. Fala sem parar e por fim me agradece e diz: 'Você é bom de conversa', e eu digo: 'Não sou nada comparado a você, mas estou aprendendo um pouquinho com você'".

As pessoas não querem que você fale, querem que ouça. E se a simples arte de ouvir as pessoas for aprendida, muito mal-entendido no mundo será evitado.

Um casal muito idoso estava ouvindo uma apresentação religiosa no rádio. O pregador terminou o entusiasmado discurso dizendo:

> "Deus quer curar a todos vocês. Apenas levantem-se, coloquem uma das mãos no rádio e a outra na parte do corpo que está doente".

A senhora ficou de pé, colocou uma das mãos no rádio e a outra na perna artrítica. O senhor colocou uma das mãos no rádio e a outra nos genitais.

A senhora brigou com ele:

> "Fred! O pregador disse que Deus curaria os doentes, não que ressuscitaria os mortos!".

Mas você não pode evitar ser mal-interpretado.

Não sei quem lhe deu a ideia de que amor e poder são contraditórios. Mude-a, porque mudá-la vai mudar você e toda sua vida.

Amor é poder, o poder mais puro e o maior poder: Amor é Deus. Nada pode ser maior que isso. Mas esse poder não é um desejo de escravizar os outros, esse poder não é uma força destrutiva. Esse poder é a própria fonte da criação.

Esse poder é criatividade.

E esse poder o transformará em um novo ser. Ele não se refere a ninguém. Refere-se a trazer suas sementes para o seu florescimento final.

Você disse outro dia que dever *era uma palavra suja, mas também o ouvi dizer muitas vezes que quer que seus* sannyasins *sejam tremendamente responsáveis. Por favor, me diga, o senso de dever e o senso de responsabilidade não são a mesma coisa?*

Dever e *responsabilidade* são sinônimos no dicionário, mas não na vida. Na vida não são apenas diferentes, são diametralmente opostos. O dever é orientado pelo outro, a responsabilidade é auto-orientada. Quando você diz "tenho de fazer isso", é um dever. "Como minha mãe está doente, tenho de estar ao lado dela", ou "preciso levar flores ao hospital. Tenho de fazer isso, é minha mãe". O dever é orientado pelo outro: você não tem nenhuma responsabilidade. Está cumprindo uma formalidade social — porque é sua mãe; não porque você a ama. É por isso que digo que *dever* é uma palavra suja. Se você ama sua mãe, não dirá "é um dever". Se ama sua mãe, irá ao hospital, levará as flores, irá servi-la, estará ao seu lado, massageará seus pés, sentirá por ela, mas não será um dever — será uma responsabilidade. Você responderá com o coração.

Responsabilidade significa a capacidade de responder. Seu coração vibra, você sente por ela, você se importa com ela — não por ser sua mãe, isso é irrelevante. Você ama a mulher. Ela ser sua mãe ou não é secundário — você ama a mulher, ama a mulher como pessoa. É um fluxo do seu coração. E não sentirá que você foi obrigado nem anunciará por aí que tem um filho cumpridor de deveres. Não sentirá que fez alguma coisa. Você não fez nada. O que você fez? Bastou levar umas flores para sua mãe doente e você já sente que cumpriu uma grande obrigação? É por isso que digo que o dever é sujo. A própria palavra é suja, é orientada ao outro.

A responsabilidade tem uma dimensão totalmente diferente: você ama, cuida, sente; ela surge do seu sentimento. O dever surge de pensar que é sua mãe: "é por isso que...", "portanto...". É um silogismo, é lógica. Você vai de alguma forma, arrastando-se — você gostaria de escapar, mas o que pode fazer? Sua reputação está em jogo. O que as pessoas dirão? Sua mãe está doente e você está se divertindo no clube e dançando, e sua mãe está doente? Não, seu ego será ferido. Se pudesse evitar essa mãe sem que sua reputação e seu ego fossem afetados, você evitaria. Você irá ao hospital e terá pressa para escapar. Encontrará algum motivo. "Tenho de ir embora porque tenho um compromisso." Pode não haver. Você quer evitar essa mulher, não quer ficar com ela. Até mesmo cinco minutos é muito tempo. Você não ama.

Sou contra o dever, mas a favor da responsabilidade — sim, digo que meus *sannyasins* têm de ser tremendamente responsáveis. E quando você abandona o dever, está livre para ser responsável.

Na minha infância, meu avô gostava que seus pés fossem massageados, e ele pedia a qualquer um — quem quer que estivesse passando. Ele era muito velho e dizia:

"Você vai massagear meus pés?".

Às vezes eu dizia sim e massageava, às vezes dizia não. Ele ficou intrigado. Disse então:

"Qual é o problema? Às vezes você diz sim, e ninguém massageia meus pés tão amorosamente como você –, mas às vezes diz simplesmente não".

Respondi:

"Quando é um dever, digo não. Quando é uma responsabilidade, digo sim".

Ele perguntou:

"Qual é a diferença?".

Falei:

"Essa é a diferença. Quando sinto amor, quando quero massagear seus pés, então massageio. Mas, quando acho que é apenas uma formalidade, porque você pediu e tenho de fazer, mas minha cabeça não estará aqui; os meninos estão brincando lá fora e me convidando... Se eu ficar aqui não estarei realmente aqui, então eu não vou fazer isso, porque é feio".

Assim, às vezes acontecia de eu dizer não quando ele queria uma massagem. Às vezes eu simplesmente ia até ele e perguntava: "Quer uma massagem? Estou no clima. Realmente vou fazer um belo trabalho se você deixar".

Faça o que vier do seu sentimento, do seu coração. Nunca reprima seu coração. Nunca siga sua mente, porque a mente é um subproduto social, não é sua realidade. Mova-se com a sua realidade, pela sua realidade. Não aja por princípios, etiqueta, padrões de comportamento, o que Confúcio chama de "cavalheirismo". Não seja um cavalheiro, seja um homem – é suficiente. Seja uma mulher, é suficiente. E seja verdadeiramente um homem, verdadeiramente uma mulher. Às vezes você vai sentir vontade de fazer alguma coisa – faça, derrame seu coração naquilo, será um belo florescimento. Às vezes você não quer fazer algo: diga, seja claro. Não há necessidade de camuflar.

6.
O sentimento oceânico do ser

O amor é a única esperança de transformação. O amor é a própria alquimia da transformação, mas não é fácil amar, trata-se da coisa mais difícil do mundo.

Todos acham que é a coisa mais fácil porque todos acham que amam. Os pais acham que amam, as crianças acham que amam, as esposas acham que amam, os amigos acham que amam – todos acham que amam. Essa é uma das barreiras – a ideia de que sabemos o que é amor, que já estamos amando. Isso impede que as pessoas conheçam o que é amor.

O amor não é algo biológico. Estamos muito confusos sobre o amor: achamos que é um impulso biológico. O amor é algo espiritual. Sim, pode se expressar biologicamente também, mas não está enraizado ali. Surge no centro do seu ser e se espalha em direção à circunferência, mas não surge da circunferência. Na circunferência há apenas luxúria, e a luxúria é confundida com amor. Mas ninguém quer ver a verdade, porque a luxúria é fácil, é uma queda livre. O amor é uma escalada: você tem de subir até as alturas. O amor requer grande determinação, requer grande consciência. O amor requer o sacrifício final do ego. Quando alguém estiver pronto para sacrificar o ego, e estiver pronto para ser totalmente consciente, a partir desse estágio de consciência sem ego, uma fragrância é liberada dentro do seu ser. Isso é amor.

Eu sirvo para quê?

Para nada. Para nenhum propósito.

Você quer se tornar uma coisa? As coisas são para alguma coisa. Se me perguntar para que serve esta cadeira, a pergunta é relevante e a resposta é simples – para sentar-se. Se me perguntar para que serve este microfone – para falar. Se não houver ninguém para se sentar na cadeira, ela será completamente inútil, será dispensável. Se não houver ninguém para falar através do microfone, não haverá necessidade dele. Será simplesmente inútil, não terá nenhum objetivo para existir. Mas para que você serve? Você não é uma cadeira, não é um microfone. Não é uma casa para morar. Não tem um propósito. Essa é a beleza e a glória da vida. Ela é um fenômeno sem propósito. Você existe para nada. Ou existe por si mesmo. Ambas as coisas são iguais.

Coisas existem para outra coisa, são meios. Pessoas existem por si mesmas, são fins.

Você ama alguém. Por quê? Pelo amor em si. Se diz que ama o dinheiro que a pessoa tem, então você não ama. Se diz que ama o prestígio que vem de amar essa pessoa, então você não ama, está fazendo outra coisa. Algumas outras atividades estão acontecendo, mas não amor – negócios, política, talvez outra coisa, mas não amor.

O amor é um fim em si mesmo. Você simplesmente ama pelo amor.

Por que esses pássaros cantam? Por quê? Apenas pelo puro prazer de cantar. Não estão cantando para receber um prêmio. Não estão cantando para nenhuma competição. Nem estão cantando para que você os escute. Estão simplesmente cantando. Estão cheios de energia, e a energia transborda. A energia é demais – o que fazer com ela? Eles compartilham com a existência. São perdulários, não avarentos.

Se você canta, primeiro busca o motivo. As pessoas vão gostar? Você será premiado de alguma forma, óbvia ou sutil? Então você não é um cantor, é um homem de negócios. Se você dança para uma plateia ver, e está buscando apreciação, o aplauso, você não é um dançarino. Um dançarino simplesmente dança. Se as pessoas veem, apreciam e desfrutam, é outra coisa. Esse não é o objetivo. Um dançarino pode dançar sozinho, sem ninguém para ver. Um cantor pode cantar sozinho. A atividade em si recompensa tanto que não há necessidade de nenhum outro objetivo, nenhum outro propósito.

Você existe por si mesmo. A própria pergunta mostra que você está olhando para a vida através da mente. A mente tem propósito. O coração não tem propósitos. A própria pergunta mostra que você gostaria de se tornar uma coisa, uma mercadoria a ser vendida no mercado.

Uma prostituta ama, mas isso não é amor – é um produto no mercado. Você ama, então não é uma mercadoria, é uma energia transbordante. Você compartilha sua felicidade, sua alegria, com alguém. Você se sente bem com alguém, sente uma harmonia. Com você se sente em sintonia. A própria atividade em si é valiosa, o valor é intrínseco. Não há nada fora dela como um objetivo. Não está levando a lugar algum. Está levando a si mesma.

Isso tem de ser entendido. Tudo que é belo na vida é intrínseco, tem valor intrínseco. E tudo que é comum é tem propósito.

As pessoas continuam perguntando por que Deus criou o mundo. "Por que ele criou isso?", pensam em Deus como um fabricante. Por quê? Por que criou o mundo? Não há "por quê", e todas as respostas que foram dadas a esse "por quê" são um absurdo patente. Ele criou por prazer. A criação em si é o prazer. Ele amou criar. Ele se sentiu feliz em criar.

A história cristã diz que Deus criou o mundo, olhou para a criação e disse: "Bom, bom". Com quem ele falava? Não havia ninguém. Dizia "bom" para si mesmo. Ele se deleitou com a criação. Uma tremenda alegria surgiu nele. Ele criou o mundo e o amou, assim como um pintor pinta, e depois se afasta da pintura e olha para ela de um e de outro ângulo, e se sente feliz, tremendamente feliz. Não que a pintura vá lhe dar muito dinheiro – pode ser que não dê nada.

Um dos maiores pintores, Vincent van Gogh, viveu como mendigo porque não conseguia vender uma única pintura. Não só não conseguia vender como também foi rotulado de louco em todos os lugares. Quem compraria essas pinturas? Elas não tinham valor.

Agora cada uma de suas pinturas vale milhões de dólares, mas naquela época ninguém estava disposto a comprá-las. Ele dava os quadros aos amigos, mas até eles tinham medo de pendurá-los em suas salas, porque as pessoas os considerariam loucos. Nem uma única pintura tinha sido vendida em sua vida.

Seu próprio irmão, Theo van Gogh, estava muito preocupado. Ele era um homem de negócios e não conseguia entender como um homem poderia continuar a pintar se nada era vendido. Então convenceu um amigo e lhe deu dinheiro, e lhe disse para ir até Van Gogh e comprar pelo menos uma pintura. Ele se sentiria bem.

O homem foi. Claro, não estava interessado em pinturas, só fazia um favor ao irmão de Vincent. Theo lhe dera o dinheiro e ele tinha apenas de comprar qualquer pintura. Van Gogh imediatamente suspeitou de algo, porque o homem não estava nem olhando para as pinturas. Ele disse: "Tudo bem, essa daqui serve. Pegue o dinheiro".

Van Gogh jogou o dinheiro fora da casa e jogou o homem para fora também, e ordenou: "Nunca mais volte aqui! Desconfio de que esse dinheiro não é seu e você não está interessado em pinturas. Meu irmão deve estar por trás disso. Saia daqui. Não vou vendê-la".

Ele se matou quando era muito jovem – 36, 37 anos –, porque sentiu que tudo o que podia criar ele já havia criado, e então só se arrastaria em uma vida miserável, sem o suficiente até para comer... Alimentava-se apenas três dias por semana, porque o irmão lhe dava dinheiro suficiente para comer, mas ele tinha de comprar tintas, telas e pincéis. Assim, durante quatro dias, economizava o dinheiro para tintas e pinturas, e durante três dias comia.

Mas era uma pessoa tremendamente feliz. Não havia ninguém para apreciar seu trabalho, só ele olhava para as próprias pinturas. Deve ter dito, assim como Deus disse: "Bom. Bom, eu fiz de novo".

Nunca pergunte para quê você serve. Você foi feito para você mesmo. E, a menos que perceba isso, perderá muito. No fundo, seu ser mais íntimo está sempre à espera de alguém que o ame por si mesmo – por nada mais, apenas por si mesmo. Alguém que vai dizer: "Eu te amo por causa do amor. Eu te amo do jeito que você é. Eu te amo porque você é. Eu amo você, seu ser, e não há fim para isso, nenhum propósito por trás disso".

A menos que alguém surja e o ame despropositadamente, você não terá a glória da vida. Lembre-se, nesse despropósito está oculto todo o significado da vida. Quando alguém o ama no significado comum, já reduziu você a um objeto. Você é uma coisa e ele é um comprador. Quando alguém ama você só por você, por nenhuma outra razão, de repente sua flor interior desabrocha. Você é aceito como você é.

O amor sempre o aceita como você é e, por meio dessa aceitação, muitas transformações acontecem. Você pode florescer. Agora não há medo. Nada é esperado de você, pode relaxar. Não há objetivo além de você, você é o objetivo. Você pode dançar e celebrar.

Aconteceu...

No século IV a.C., o grande filósofo ateniense Platão fundou uma escola, a Academia, na qual a matemática era parte fundamental do currículo.

Platão amava demais a matemática. Era um poeta da matemática, um adorador.

Na porta da Academia, estava escrito: "Se você não conhece matemática, por favor, não entre". Era preciso aprender matemática antes de poder entrar na Academia. A matemática foi ensinada com o máximo rigor de que a época era capaz, e lidava com formas idealizadas em que operações idealizadas eram executadas.

Um estudante, submetido a severos exercícios mentais sobre a concepção platônica da matemática, procurou em vão encontrar alguma aplicação para as várias formas de artesanato para as quais sabia que os conceitos matemáticos eram úteis.

Finalmente, disse a Platão:

"Mas, mestre, que uso em particular pode ser dado a esses teoremas?".

Não vejo qualquer uso prático. "Os teoremas são lindos, são matemática pura, mas qual é a utilidade? Para que servem esses teoremas? O que se pode ganhar com eles?"

O velho filósofo lançou um olhar penetrante ao estudante questionador, virou-se para um criado e disse:

"Dê a esse jovem um centavo para que ele possa sentir que ganhou alguma coisa com meus ensinamentos e depois o expulse".

É difícil entender porque para Platão a matemática era seu amor, sua amada. O lucro não era a questão, alcançar qualquer coisa não era a questão. Apenas contemplar aquelas formas – as formas puras da matemática – bastava. Essa mesma contemplação nos leva ao desconhecido. Não é uma questão de ganho.

A vida em si é suficiente por si só. E, se você está tentando cumprir algum objetivo, perderá sua vida. Isso é o que foi ensinado desde o início – os pais estão tentando forçá-lo a alguma utilidade. Preocupam-se que possa vir a se tornar um vagabundo, um andarilho. Preocupam-se que possa se tornar um inútil. Preocupam-se que não se mostre de alguma utilidade no mundo. Assim, quem vai gostar de você? Estão com os egos preocupados porque através de você estão planejando o cumprimento dos próprios egos não realizados. Os pais deles fizeram o mesmo com eles e agora eles estão fazendo com você. E você continuará fazendo o mesmo com seus filhos.

Pessoas mortas continuam assombrando você. Seu pai pode estar morto, mas continuará assombrando você. Sempre que relaxar, ouvirá a voz do seu pai: "O que está fazendo? Ficando preguiçoso! Faça alguma coisa!". E vai sair da sua preguiça e correr e fazer algo porque está ficando inútil. Por todos terem sido condicionados a ser de alguma utilidade, surge a pergunta: "Para que?". E se você não conseguir encontrar a resposta, vai se sentir muito desorientado e confuso.

Abandone todo esse absurdo. Você basta do jeito que é.

Não estou dizendo para se tornar preguiçoso. Não estou dizendo para se tornar um parasita. Estou dizendo para viver sua vida como um valor intrínseco. Faça o que quiser, mas não faça para provar que é útil. Faça porque ama. Faça porque se sente feliz fazendo. Faça porque é o seu amor e, de repente, tudo tem uma cor diferente e tudo fica luminoso.

Meus pais queriam que eu me tornasse cientista – se não um verdadeiro cientista, pelo menos médico, engenheiro. Eu os traí. Hoje em dia eles esqueceram completamente e estão felizes. São pessoas muito boas e simples. Mas, quando os traí, eles se sentiram muito magoados. Tinham muitas expectativas. Todos os pais têm e, por meio de suas esperanças, destroem os filhos.

Você tem de se libertar de seus pais, assim como uma criança tem de sair do útero da mãe um dia, caso contrário, o útero se tornará a morte. Após nove meses, a criança precisa sair do útero. Tem de deixar a mãe, por mais doloroso que seja e por mais que a mãe se sinta vazia, a criança tem de sair. Então, em outro momento da vida, a criança tem de se afastar das expectativas dos pais. Só então, pela primeira vez, ela se tornará um ser por si mesmo, por sua própria conta. E ficará de pé. E se tornará realmente livre.

Se os pais se tornarem alertas, mais compreensivos, ajudarão as crianças a se tornarem tão livres quanto possível, e o quanto antes. Não condicionarão as crianças a serem úteis. Ajudarão as crianças a serem amorosas.

Um mundo totalmente diferente está esperando para nascer, onde as pessoas estarão trabalhando. O carpinteiro estará trabalhando porque ama a madeira. O professor ensinará na escola porque ama ensinar. O sapateiro continuará fazendo sapatos porque ama fazer sapatos. Agora, algo muito confuso está acontecendo. O sapateiro tornou-se cirurgião, o cirurgião tornou-se sapateiro. Ambos estão com raiva. O carpinteiro se tornou político, o político se tornou carpinteiro. Ambos estão com raiva.

A vida inteira parece estar profundamente enraivecida. Olhe para as pessoas – todas parecem estar com raiva. Todas parecem estar em um lugar onde não deveriam estar. Todas parecem desajustadas. Todas parecem insatisfeitas por causa desse conceito de utilidade. Ele continua assombrando as pessoas.

O poder do amor

Ouvi uma história muito bonita:

A sra. Ginsberg, tendo chegado ao céu, dirigiu-se timidamente ao anjo dos registros.
"Diga-me", perguntou, "seria possível ter uma entrevista com alguém que está aqui no céu?"
O anjo dos registros respondeu:
"Certamente, supondo que a pessoa que você tem em mente está aqui no céu".
"Ah, ela está. Tenho certeza", disse a sra. Ginsberg. "Na verdade, eu gostaria de ver a Virgem Maria."
O anjo dos registros limpou garganta.
"Ah, sim. Acontece que ela está em um departamento diferente, mas, se você insiste, encaminharei a solicitação. Ela é uma senhora benevolente e pode querer visitar a antiga vizinhança."
O pedido foi devidamente encaminhado, e a Virgem foi realmente benevolente. Não demorou muito para que a sra. Ginsberg fosse favorecida com a presença da Virgem.
A sra. Ginsberg olhou demoradamente para a figura radiante à sua frente e, por fim, disse:
"Por favor, perdoe minha curiosidade, mas sempre quis perguntar à senhora. Diga-me, como é a sensação de ter um filho tão maravilhoso que desde o tempo dele centenas de milhões de pessoas o adoram como um deus?".
E a Virgem respondeu: "Francamente, sra. Ginsberg, esperávamos que ele fosse médico".

Os pais estão sempre esperando – e sua esperança se torna venenosa. Deixe-me dizer: ame seus filhos, mas nunca espere através deles. Ame seus filhos o máximo que puder e dê a eles a sensação de que são amados por si mesmos, e não por qualquer utilidade que possam ter. Ame seus filhos

O sentimento oceânico do ser

tremendamente e dê a eles a sensação de que são aceitos como são, que não devem cumprir exigências. Quer façam isso ou aquilo, não fará diferença no amor que lhes é dado. O amor é incondicional.

Então, um mundo totalmente novo pode ser criado. E as pessoas se moverão naturalmente para as coisas de que gostam. As pessoas se moverão naturalmente para direções às quais por instinto sentem vontade de fluir.

Mas o que dizer de pais comuns?

Vou lhe contar outra história:

> O rabino Joshua, tendo vivido uma vida exemplar e admirada por todos, morreu na plenitude do tempo e foi para o céu. Lá ele foi recebido com hosanas de júbilo. Inexplicavelmente, ele se encolheu, cobriu o rosto com as velhas mãos trêmulas e se recusou a participar das festividades em sua homenagem.
>
> Toda a persuasão falhou e ele foi conduzido respeitosamente perante o grande tribunal de Deus. A terna presença de Deus banhou o nobre rabino, e a voz divina encheu seus ouvidos.
>
> "Meu filho", disse Deus, "está registrado que você viveu inteiramente de acordo com meus desejos e, no entanto, recusa as honras que, convenientemente, foram preparadas para você. Por quê?".
>
> O rabino Joshua, de cabeça baixa e voz mansa, disse:
>
> "Bendito, não sou digno. De alguma forma, minha vida deve ter dado errado, pois meu filho, sem se importar com meu exemplo e meus preceitos, se tornou cristão".
>
> "Ai de mim", veio a voz calma, doce com infinita simpatia, "entendo completamente e perdoo. Afinal, meu filho fez o mesmo".

Expectativas, expectativas!

As pessoas continuam tendo expectativas por meio dos outros. As pessoas continuam sendo ambiciosas através dos outros. Abandone essa jornada de seus pais. Lembre-se, essa é a única maneira de conseguir perdoá-los. Lembre-se também de que é a única maneira de um dia conseguir respeitá-los.

A menos que esteja satisfeito, a menos que tenha encontrado algo que não seja só uma profissão, mas algo como uma vocação, um chamado, nunca conseguirá se sentir feliz com seus pais, porque eles são a causa de você ter sido trazido a este mundo miserável. Você não pode se sentir grato, não há nada a agradecer. Mas se estiver satisfeito, você se sentirá extremamente grato.

Sua satisfação só é possível se você não se tornar uma coisa. Seu destino é se tornar uma pessoa. Seu destino é se tornar um valor intrínseco. Seu destino é se tornar um fim em si mesmo.

Sentindo dor de cabeça, descobri minha natureza masculina. Sentindo dor no coração, descobri minha natureza feminina. Haverá também uma dor no ser?

A dor no ser é algo que não existe. O ser conhece total integridade e saúde. Não conhece moléstia nem doença nem morte. Ir além de sua cabeça e seu coração é transcender a dualidade da existência. Essa transcendência o levará ao seu ser.

O sentimento oceânico do ser

Ser simplesmente significa que você abandonou o ego que fazia parte de sua cabeça. Abandonou até a separação, muito sutil e delicada, que fazia parte do seu coração. Derrubou todas as barreiras entre você e o todo. De repente, a gota de orvalho deslizou da folha de lótus para o oceano. Tornou-se um com ele.

De certo modo, você já não é, e, de certo modo, é pela primeira vez. Como uma gota de orvalho você já não é, mas como o oceano você é pela primeira vez, e esta é sua natureza.

William James, um dos grandes psicólogos, contribuiu muito ao cunhar uma nova palavra para a experiência espiritual, o sentimento "oceânico". Ele está perfeitamente correto. É a experiência da expansão, todas as fronteiras desaparecendo mais e mais. Chega um momento em que não há mais fronteiras, você se torna o próprio oceano. Você é, mas já não está em uma prisão. Você é, mas já não está em uma gaiola. Você saiu da gaiola, saiu da prisão e voou para o céu em total liberdade.

Lembre-se de uma coisa: um pássaro voando e o mesmo pássaro na gaiola não são os mesmos. O pássaro na gaiola não é mais o mesmo porque perdeu a liberdade, perdeu seu enorme céu. Perdeu a alegria de dançar ao vento, na chuva, no sol. Você pode ter dado a ele uma gaiola de ouro, mas destruiu sua dignidade, sua liberdade, sua alegria. Você o reduziu a um prisioneiro – parece o mesmo pássaro, mas não é. Um homem confinado aos limites da mente, do coração e do corpo está aprisionado, muro sobre muro.

Na última prisão em que estive nos Estados Unidos, eles tinham três portões. Era a mais moderna, ultramoderna, tecnologicamente; a primeira prisão desse tipo construída nos Estados Unidos. Tinha sido inaugurada apenas três meses antes. Tudo era eletrônico. Era quase impossível para qualquer ser humano atravessar esses três portões. Em primeiro lugar, eram eletrificados – tocá-los era o bastante, e você estaria morto. E eram tão altos que nem escada ou qualquer outra coisa era possível. E então... um após o outro, três.

Eles só abriam usando-se um controle remoto, que meu carcereiro costumava manter em seu carro. Ele apertava o botão e o primeiro portão se abria. Era quase como uma montanha, tão grande, tão alto, e quando o carro entrava, tinha de esperar o primeiro portão se fechar. Somente quando o primeiro portão se fechava, o controle remoto funcionava no segundo. E quando o segundo portão se fechava, o controle remoto funcionava no terceiro.

Quando entrei pela primeira vez naquela prisão em Portland, disse ao carcereiro: "Talvez vocês não saibam, mas conseguiram um símbolo perfeito".

Ele perguntou:

"Símbolo de quê?".

Respondi:

"Esta é a situação do homem: o corpo é o primeiro portão, a mente, o segundo, e o coração, o terceiro. E então por trás desses três portões está a pobre alma".

Ele disse: "Nunca pensei sobre isso. Deve ser apenas coincidência".

Falei: "Ninguém pensou nisso, que três portões... Por que três? Por que não quatro?".

Ele disse:

"Não sei. Não fui eu que fiz isso".

Mas eu disse a ele que, quem o fez, talvez inconscientemente, sentiu algo da simetria, a correspondência entre o aprisionamento da consciência humana e ser um arquiteto para fazer uma prisão para os seres humanos. Quando você vai além do corpo... o que não é muito difícil, porque de certa forma o corpo é muito bonito, ainda está em sintonia com a natureza. Portanto, ir além dele é muito fácil, não oferece muita resistência. É muito cooperativo.

O verdadeiro problema é a mente, porque a mente é criada pela sociedade humana, especialmente projetada para mantê-lo escravo. O corpo tem uma beleza própria. Ainda faz parte das árvores, do oceano, das montanhas e das estrelas. Não foi poluído pela sociedade. Não foi envenenado pelas igrejas, religiões e pelos sacerdotes. Mas a mente foi completamente condicionada, distorcida, recebeu ideias absolutamente falsas. Sua mente está funcionando quase como uma máscara, escondendo seu rosto original.

Transcender a mente é a arte da meditação, e o Oriente dedicou quase dez mil anos ao único propósito – toda a sua inteligência e genialidade – de descobrir como transcender a mente e seus condicionamentos. Todo esse esforço de dez mil anos culminou no refinamento do método de meditação.

Em termos simples, meditar significa observar a mente, testemunhar a mente. Se puder testemunhar a mente – olhando-a silenciosamente sem qualquer justificativa, sem nenhuma apreciação, sem nenhuma condenação, sem nenhum julgamento a favor ou contra – simplesmente observando como se não tivesse nada a ver com isso... é apenas o tráfego o que se passa na mente. Coloque-se de lado e assista. E o milagre da meditação é que, apenas observando-a, ela desaparece lentamente.

No momento em que a mente desaparece, você chega ao último portão, que é muito frágil – e que também não é poluído pela sociedade –, seu coração. Na verdade, seu coração logo lhe abre um caminho. Nunca o impede, está quase sempre pronto para que você chegue a ele, e ele abrirá o portão para o ser. O coração é seu amigo.

A cabeça é sua inimiga. O corpo é seu amigo, o coração é seu amigo, mas entre os dois está o inimigo como um Himalaia, uma grande barreira montanhosa. No entanto, ela pode ser atravessada com um método simples. Gautama Buda chamou o método de *vipassana*. Patanjali chamou o método *dhyan*. E a palavra em sânscrito, *dhyan*, se tornou, na China, *ch'an*, e no Japão se tornou *zen*. Mas é a mesma palavra. Em inglês não há equivalente exato para *zen* ou *dhyan* ou *ch'an*. Usamos arbitrariamente a palavra *meditação*.

Mas você deve se lembrar: qualquer significado dado à palavra *meditação* em seus dicionários não é o significado que estou usando. Todos os dicionários dirão que meditação significa *pensar sobre algo*. Sempre que digo a uma mente ocidental "Medite", a pergunta imediata é: "Sobre o quê?". A razão é que, no Ocidente, a meditação nunca se desenvolveu até o ponto em que *dhyan*, *ch'an* ou *zen* se desenvolveram no Oriente.

A meditação significa simplesmente "consciência" – não pensar em algo nem se concentrar em algo nem contemplar algo. A palavra *ocidental* está sempre se referindo a alguma coisa. A meditação, como estou usando, significa simplesmente um estado de consciência.

Assim como um espelho – você acha que um espelho está tentando se concentrar em algo? Tudo o que aparece diante dele é refletido, mas o espelho é indiferente. Se uma mulher bonita aparecer diante dele ou uma mulher feia aparecer diante dele ou ninguém aparecer diante dele, será absolutamente indiferente. Ele simplesmente reflete. A meditação é apenas uma consciência reflexiva. Você simplesmente observa o que aparece diante de você.

E por meio dessa simples observação, a mente desaparece. Você já ouviu falar sobre milagres, mas esse é o único milagre. Todos os outros milagres são simplesmente histórias.

Jesus andando sobre a água ou transformando água em vinho ou fazendo pessoas mortas voltarem à vida... todas são histórias lindas. Se forem simbolicamente compreendidas, terão um grande significado. Mas insistir que são fatos históricos é simplesmente estúpido. Simbolicamente essas histórias são lindas. Simbolicamente, todos os mestres no mundo estão trazendo à vida pessoas que estão mortas. O que estou fazendo aqui? Tirando pessoas de seus túmulos! E Jesus tirou Lázaro, que estava morto havia apenas quatro dias. Tenho tirado as pessoas que estavam mortas há anos, há vidas! E porque viveram em seus túmulos por muito tempo, ficam muito relutantes em sair. Fazem toda sua resistência – "O que você está fazendo? Esta é nossa casa! Vivemos aqui pacificamente, não nos perturbe!".

Simbolicamente, está certo: todos os mestres estão tentando lhe dar uma nova vida. Do jeito que você é, você não está realmente vivo. Está apenas vegetando. Se os milagres forem interpretados como metáforas, eles terão uma beleza.

Lembro-me de uma história estranha que os cristãos abandonaram completamente nas escrituras. Mas ela existe na literatura sufi. A história sufi é sobre Jesus.

Jesus entrava em uma cidade e, assim que chegou, viu um homem que reconheceu. Já o conhecera antes. O homem era cego, e Jesus havia curado seus olhos. Esse homem estava correndo atrás de uma prostituta. Jesus parou o homem e perguntou: "Você se lembra de mim?".

Ele respondeu: "Sim, eu me lembro de você e nunca vou conseguir perdoá-lo! Eu era cego e estava perfeitamente feliz, porque nunca tinha visto nenhuma beleza. Você me deu olhos. Agora me diga, o que devo fazer com estes olhos? Estes olhos vivem atraídos por mulheres bonitas".

Jesus não podia acreditar... ficou aturdido, chocado: "Pensei que tinha prestado um grande serviço a esse homem, e ele está com raiva! Está dizendo: 'Antes de você me dar os olhos, nunca pensei em mulheres, nunca pensei em prostitutas. Mas, desde que você me deu os olhos, você me destruiu'".

Jesus deixa o homem sem dizer nada – não há nada a dizer. E, enquanto segue em frente, encontra outro homem deitado na sarjeta, dizendo todos os tipos de coisas sem sentido, completamente bêbado. Jesus o puxa para fora da sarjeta e reconhece que lhe havia dado as pernas. Mas agora ele está se sentindo um pouco abalado. Ele pergunta ao homem: "Você me conhece?".

O homem diz: "Sim, eu conheço você. Mesmo estando bêbado, não posso perdoá-lo: foi você que perturbou minha vida pacífica. Sem pernas eu não poderia ir a lugar algum. Eu era uma pessoa pacífica – sem brigas, sem jogos, sem problemas com amigos, sem ir à taverna. Você me deu pernas e, desde então, não tive um único momento de paz, de me sentar em silêncio. Vivo correndo atrás disso, depois daquilo, e, no final, quando estou cansado, fico bêbado. E você pode ver por si mesmo o que está acontecendo comigo. Você é responsável pela minha situação! Você deveria ter me dito antes que, se eu tivesse as pernas, todos esses problemas surgiriam. Você não me avisou. Você simplesmente me curou sem pedir minha permissão".

Jesus ficou tão assustado que deixou a cidade. Ele não foi além. Falou: "Nunca se sabe o tipo de gente que se vai encontrar". Mas, quando estava saindo da cidade, viu um homem tentando se enforcar em uma árvore. Ele disse: "Espere, o que está fazendo?".

O homem respondeu: "Você voltou! Eu estava morto e você me forçou a viver de novo. Agora não tenho ocupação, minha esposa me abandonou porque acha que um homem que morreu não pode ter revivido. Acha que sou um fantasma. Ninguém quer se encontrar comigo. Os amigos simplesmente não me reconhecem. Vou para a cidade e as pessoas não olham para mim. Agora o que quer que eu faça? E, mais uma vez, quando vou me enforcar, você está aqui! Que tipo de vingança está realizando? Não pode me deixar em paz? Agora não posso nem me enforcar. Um dia eu estava morto e você me ressuscitou – se eu me enforcar você vai me ressuscitar de novo. Você está tão empenhado em fazer milagres que nem se importa com quem sofre com seus milagres!".

Quando li sobre essa história, adorei. Todo cristão deveria conhecê-la.

Não há milagre, exceto um, que é o milagre da meditação, que o afasta da mente. E o coração está sempre esperando por você. Sempre pronto para lhe dar um caminho, guiá-lo em direção ao seu ser. E o ser é a sua totalidade, é o seu bem-estar definitivo.

Um policial percebe que um carro está se movendo perigosamente na estrada e, quando o para, uma linda mulher sai dele. Ela está claramente sob a influência da bebida, mas, para ter certeza, o policial aplica um teste de bafômetro. Com certeza está acima do limite, então o policial diz: "A senhora tomou duas ou três doses fortes".

"Meu Deus", chora a mulher, "mostra isso também?".

Tudo bem pela dor de cabeça, tudo bem pela dor no coração, mas não vá além disso. Além disso, não há dor, aflição ou sofrimento. Além do coração está tudo que você sempre desejou, consciente ou inconscientemente, procurou, consciente ou inconscientemente.

Sua jornada é longa. O cristianismo, o judaísmo, o islamismo – três religiões fundadas fora da Índia – cometeram um grande erro: deram às pessoas a ideia de que se tem apenas uma vida. Isso criou muitos problemas.

No Oriente, todas as religiões concordaram em um ponto: que você está aqui há milhares de vidas, esta não é a única vida que você tem. Você já viveu muitas vidas. A peregrinação é longa e você tem andado quase em círculos; assim, sua consciência não cresceu. Você vem cometendo os mesmos erros repetidas vezes. Cada vida é desperdiçada de modo quase repetitivo.

O sentimento oceânico do ser

As pessoas dizem que a história se repete. A história não tem interesse em se repetir. Ela se repete porque estamos inconscientes, por isso continuamos cometendo os mesmos erros repetidas vezes. Nossa consciência continua a mesma. É por essa razão que em todas as vidas vivemos no mesmo plano miserável. Nunca crescemos.

É tempo suficiente. Você tem de começar a trabalhar profundamente em seu ser, buscar por ele, porque, depois de conhecer o seu ser, você não vai nascer de novo em um corpo. Não vai estar em outra prisão, será libertado de todas as prisões. E esta liberdade definitiva é a única lição que vale a pena aprender através de todas essas vidas.

Mas estamos agindo de maneira quase trôpega.

Ruben Levinsky estava contando aos amigos no clube como seu filho de 5 anos havia engravidado sua babá.

"Mas é impossível!", grita Sollie.

"Infelizmente não é", responde o constrangido Ruben. "O pequeno desgraçado perfurou todos os meus preservativos com um alfinete."

É um mundo muito estranho. Ouvi um provérbio muito antigo: "Deus criou mulheres sem senso de humor para que elas pudessem amar os homens sem rir deles".

Hymie Goldberg está sentado em um bar uma noite quando o homem sentado na banqueta ao lado escorrega e cai no chão.

Sentindo que não haveria como o homem chegar em casa sozinho, Hymie encontra seu endereço na carteira e decide ajudá-lo. Colocando um braço ao redor de sua cintura, eles se dirigem para a porta. Mas imediatamente as pernas do homem se dobram e ele desmorona.

"Seu bêbado idiota", reclama Hymie, "por que diabos não parou de beber antes?"

O homem murmura alguma coisa, mas Hymie não está disposto a ouvir. Sentindo-se tão justo quanto Madre Teresa, Hymie põe o homem sobre os ombros e o leva para casa. Bate na porta indignado, uma mulher abre a porta e ele joga o homem no sofá.

"Aqui está seu marido", diz Hymie. "E se eu fosse você, teria uma séria conversa com ele sobre bebida."

"Terei", promete a mulher. "Mas, diga-me", ela continua, olhando para fora, "onde está a cadeira de rodas dele?".

É um mundo hilário – tudo segue tão inconscientemente! A única coisa de que vale a pena se lembrar é não perder a oportunidade que você tem, desenvolver sua consciência até o ponto em que você tenha a mesma visão, a mesma clareza, a mesma intuição, o mesmo entendimento que um Gautama Buda. A menos que se torne tão desperto, sua vida repetirá os mesmos erros várias vezes. Não se pode esperar que um homem inconsciente mude o rumo de sua vida. É só a consciência, a consciência crescente, que vai mudar seu estilo de vida. E uma vez que estiver completamente desperto, iluminado, não precisará voltar para outro útero. O ser iluminado desaparece no ventre do próprio universo. Não que você deixe de existir; na verdade você é pela primeira vez – tão vasto e infinito quanto este universo, sem fronteiras, e se expandindo continuamente.

Toda a sua tristeza existe porque você é muito grande e foi forçado a entrar em um corpo pequeno, em uma mente pequena, em um coração pequeno. Seu amor quer se expandir, mas seu coração é pequeno demais. Sua clareza quer se tornar tão clara quanto um céu sem nuvens, mas sua cabeça é pequena demais, está muito cheia. Seu ser quer ter asas e voar através do sol como uma águia, mas está enjaulado – três muros ao redor. É quase impossível sair da prisão.

O Oriente tem trabalhado apenas por uma coisa – é por isso que não criou muita ciência, muita tecnologia, porque todos os seus gênios estavam preocupados apenas com uma coisa: o núcleo mais íntimo do seu ser. Eles não eram pessoas objetivas. Estavam cada vez mais interessados em subjetividade. O Oriente encontrou a chave de ouro. Pode abrir para você as portas da infinita felicidade e de todo o esplendor escondido na existência. Pode lhe permitir receber presentes de todas as dimensões.

Você não é uma criatura miserável. Está carregando um deus dentro de você, e tem de encontrar esse deus. Esse é o único milagre em que acredito, a única mágica. Todo o resto é supérfluo.

Quando vejo você, às vezes vejo um brilho de inocência infantil, um calor que chamo de amor. E às vezes vejo um enorme vazio, tão frio, cristalino e impessoal quanto o céu noturno. Essas qualidades estão em você? Essas qualidades estão em mim? Parece impossível, mas é verdade.

Você se deparou com uma verdade muito significativa. A inocência infantil e o calor do amor que você vê não são contraditórios para "um enorme vazio, tão frio, cristalino e impessoal como o céu noturno". Na verdade, são dois lados da mesma moeda. Se você se tornar infantil, inocente, haverá calor e amor em você. Mas, do outro lado da moeda, você será como o nada frio e impessoal, como uma noite estrelada.

As duas coisas acontecem juntas. A primeira acontece — a frieza, o nada — e depois a inocência da criança traz o calor. Mas é sempre difícil para o intelecto entender quando vê algo que parece ser oposto.

Por exemplo, se você desenterrar as raízes de uma roseira, não poderá conceber que essas raízes estejam ligadas às rosas. As raízes são feias. Parece não haver nenhuma semelhança entre as rosas e as raízes. Mas as raízes estão dando todo o sumo e a vida para a rosa. São as raízes que dão a cor, a vivacidade, o calor, a beleza da rosa.

A vida é cheia desses opostos aparentes. Este é o seu oposto interior: se por dentro você se torna tão frio quanto a noite estrelada — o nada, impessoal —, esta será sua raiz; então sua inocência infantil, seu calor, seu amor, será sua expressão, assim como uma flor. Eles não podem existir separadamente.

Isso está em mim, e essas qualidades também estão em você. Quando você tiver se dado conta do fenômeno, não levará muito tempo até que perceba as mesmas raízes e rosas dentro de você. Só quando experimentar isso dentro de você é que conseguirá entender — não apenas intelectualmente, mas existencialmente. Mas você certamente tropeçou em uma grande verdade.

Você está dizendo: "Parece impossível, mas é verdade". A verdade é impossível, mas de qualquer forma acontece. Só parece impossível, mas é nosso próprio potencial. A existência é tão cheia de mistérios: nunca pense em termos de impossibilidades. Tudo é possível. O impossível é só uma ideia da mente.

Você consegue entender como essas árvores verdes estão crescendo para cima, contra a gravidade? É impossível. Mas estão se saindo perfeitamente bem, todas as árvores do mundo, e nunca pensaram em gravidade, não se importam com isso. Os cientistas têm ficado intrigados com o fato de as árvores subirem 45 metros de altura. E não apenas as árvores, mas o sumo, a água, tem de subir sem qualquer sistema de bombeamento na árvore. Como ela está gerenciando isso? Você não pode levar água a 45 metros de altura sem uma bomba elétrica.

Mas essas árvores têm seu próprio mistério, e é tão sutil que, quando os cientistas tomaram consciência disso, não conseguiram acreditar: por milhões de anos essas árvores – ignorantes, sem instrução, sem saber nada de ciência – têm feito um milagre. O milagre é que, no topo, cada árvore está procurando o sol... Esse é o truque: cada árvore está procurando pelo sol. Então, sempre que essas árvores crescerem, também irão subir mais. É uma competição. Quem for mais alto sobreviverá por mais tempo.

Elas estão procurando o sol para que este possa evaporar a água de seu topo. E é um elo, funcionam como um mata--borrão. Quando, no topo, o sol transforma a água em vapor, o topo fica seco, o mata-borrão fica seco. Continuamente vai acontecendo uma sucção da água da camada abaixo; a segunda camada do mata-borrão fica seca e, como ficou seca, retira a água da camada inferior.

Assim, a 45 metros, a árvore continua carregando sua água sem nenhum sistema de bombeamento.

Mas precisa do sol, senão morrerá. É o sol contra a gravidade. A árvore vai administrando uma conspiração contra a gravidade junto do sol. Com a ajuda do sol, vai indo mais alto, absorvendo sumos das raízes.

Verificou-se que as raízes têm certa sensibilidade que nem mesmo nós temos. Poucas pessoas têm. Você já deve ter ouvido falar de algumas pessoas que podem simplesmente ir caminhando e dizer onde você vai encontrar água. Mas essas pessoas também recebem ajuda das árvores, o que você pode não ter notado. Elas sempre carregam nas mãos um ramo, um ramo fresco cortado de uma árvore. O truque está em carregar o ramo nas mãos. Suas mãos são muito sensíveis. Elas não sabem nada sobre a água, mas o ramo da árvore sabe. Então quando quer que o galho da árvore lhes dê um puxãozinho – tão leve que você não será capaz de ver, mas elas poderão sentir – e o galho da árvore ficar interessado, haverá água.

Essas pessoas vivem enganando todo mundo, tentam mostrar que estão operando um grande milagre. Não é um milagre, é um método simples que as árvores têm usado. O galho é obrigado a se mover para onde quer que esteja a água. E essas pessoas só precisam estar sensíveis ao ramo, para onde ele se move, para que lado, para onde aponta. E elas darão voltas e voltas, repetidas vezes, no mesmo ponto, para ter certeza absoluta de onde está o ponto, o ponto onde você encontrará água.

O sentimento oceânico do ser

Foi descoberto que as raízes das árvores se movem dezenas de metros apenas para encontrar água. Mas como conseguem detectar que a 30 metros ao sul ou ao norte há água e, estranhamente, até mesmo em um cano de água a uma distância de 30 metros? As raízes das árvores são tão sensíveis à água que, embora a água possa estar passando por um cano, elas se tornam conscientes disso. E foi descoberto que elas quebram o cano. Entram no cano e começam a beber sua água para seus próprios objetivos, enviando-a a 45 metros de altura. Estão roubando e não pagam impostos. Não se importam com as empresas de água. Mas elas fazem isso bem.

Na comuna dos Estados Unidos, vivíamos em um deserto. Só um tipo de árvore cresce naquele deserto. Aquela árvore aprendeu maneiras de existir no deserto, adaptou-se à vida nessa situação. Como o camelo é adaptado ao deserto, essas árvores também o são.

Sua estratégia é – como não há água no solo – coletar umidade do ar, especialmente à noite, quando o deserto se torna frio e há orvalho e umidade. Sugam a umidade de cada folha, de cada ramo. Este é seu único modo de existência. Não usam suas raízes, porque, no que diz respeito às raízes, é puro deserto, não há água. Mas aprenderam um novo método – exatamente o oposto – de absorver umidade pelas folhas.

As árvores comuns evaporam a água das folhas e sugam a água das raízes, mas as árvores do deserto funcionam de maneira totalmente oposta. Não usam as raízes. Usam raízes apenas para se manter no lugar, como um apoio para ficar de pé, mais nada. É pura inteligência que durante a noite suguem toda a umidade do ar e vivam perfeitamente bem.

É uma ideia errônea pensar que a existência não é inteligente. É mais inteligente do que você pensa. Todo o seu funcionamento é cheio de inteligência, e nada é impossível. Você só tem de encontrar o caminho certo e, em seguida, o impossível se tornará possível.

Sua mente é um pouco covarde. Sua mente quer as coisas de acordo com a vontade dela, quer tudo de acordo com o próprio condicionamento. Isso torna muitas coisas impossíveis. Você tem de aprender a não forçar a existência a estar de acordo com você. Esse é o caminho irreligioso e você não vai ganhar.

O caminho religioso é ser humilde e agir de acordo com a existência. Seja natural e deixe a natureza decidir o curso do seu ser. E a natureza é extremamente inteligente. Ela lhe dá o nascimento, lhe dá a vida, lhe dá sua inteligência. A menos que ela seja um oceano de inteligência, de onde você poderia obter sua inteligência – que é pequena, certamente, em comparação com a inteligência universal?

Minha experiência é que as duas coisas se juntam. Um nada silencioso, uma frieza impessoal... Mas lembre-se de não me ouvir dizendo "frieza". Estou simplesmente chamando isso de "frescor". A frieza é uma coisa totalmente diferente: a frieza é um fechamento. O frescor não é uma experiência fechada, é muito vivo, muito aberto, uma brisa fresca passando continuamente por você. Você está sendo renovado a cada momento – é por isso que você é uma pessoa revigorada.

O sentimento oceânico do ser

E, como você é impessoal, você é inocente. Caso contrário, não conseguiria ser inocente. E como você é inocente, vivo e revigorado a cada momento, um calor amoroso, que não é dirigido a qualquer pessoa, chega a você – como uma fragrância. Qualquer um pode se alegrar com quem é capaz de ser receptivo.

Quero que meu povo torne possível esse impossível. Quando esse impossível se tornar possível, você terá a completa compreensão existencial de Sat-Chit-Anand, da verdade, da consciência e da alegria.

Epílogo

Todo rio chega ao oceano, e todo rio chega ao oceano sem nenhum guia, sem nenhum mapa. O homem também pode alcançar o oceano, mas o homem fica emaranhado no caminho, e há mil e um emaranhamentos no caminho. O guia, o mestre, é necessário não para levá-lo ao oceano – isso pode acontecer por conta própria. O mestre é necessário para mantê-lo alerta a fim de não ficar emaranhado no caminho, porque há mil e uma atrações.

O rio continua se movendo. Chega a uma bela árvore – o rio desfruta da árvore e segue em frente; não fica preso à árvore, senão o movimento será interrompido. Chega a uma bela montanha, mas continua... totalmente grato, grato à montanha e à alegria de passar pela montanha e por toda a música e dança que lhe acontece. Grato, certamente grato, mas não apegado. Ele continua se movendo... seu movimento não para.

O problema com a consciência humana é que você se depara com uma bela árvore e quer fazer sua casa ali, não quer mais ir a lugar algum. Você se depara com um homem ou uma mulher bonita e se apega. O mestre é necessário para lembrá-lo novamente de não se apegar a nada.

E isso não significa não desfrutar de nada. Na verdade, se você se apegar, não poderá desfrutar. Só poderá desfrutar se permanecer desapegado, sem amarras.

O apego destrói toda a alegria, porque ninguém pode desfrutar de qualquer coisa que traga escravidão, que vá contra nosso ser interior. Nosso ser interior anseia por liberdade, então tudo que impede a liberdade nos deixa com raiva. Por isso os amantes brigam, brigam continuamente: estão zangados um com o outro, e a raiva é por terem se tornado escravos um do outro. Podem não estar conscientes do motivo pelo qual estão brigando. Podem dar pequenas desculpas para brigar. Essas desculpas não significam nada – na verdade, se apegaram um ao outro e o apego traz escravidão, e a escravidão é feia e ninguém quer ser escravo.

Todo o meu ensinamento consiste em duas coisas: como estar amando e ainda livre – liberdade e amor. A pessoa inteligente é aquela que conseguiu as duas coisas juntas sem sacrificar um pelo outro. A pessoa que sacrifica sua liberdade por amor é estúpida. E assim é a pessoa que sacrifica o amor por sua liberdade: também é estúpida. As pessoas mundanas são estúpidas e as pessoas ligadas no outro mundo são estúpidas, porque não mostraram nenhum sinal de inteligência. Inteligência significa que você pode ter o bolo e comê-lo também; só então você é inteligente.

O amor é absolutamente harmonioso com a liberdade, não há nenhum problema. A liberdade é harmoniosa com o amor, não há nenhum problema. Na verdade, o amor não pode existir sem liberdade – mais cedo ou mais tarde, morre. E liberdade não pode existir sem amor – eles se alimentam.

Epílogo

Certamente não há relação de causa e efeito entre eles, mas há o que Carl Gustav Jung chama de "sincronicidade": de certa maneira sutil e misteriosa, eles se alimentam. Não há ponte visível, mas se um existir, o outro é necessário. Se o outro não existir, apenas um poderá existir por um curto período de tempo, e logo desaparecerá.

Então seja um rio, fluindo em direção ao oceano, em direção a Deus, ao infinito, e ainda assim seja completamente apaixonado pelas margens pelas quais estará passando... as árvores, as montanhas, os dias e as noites, e as pessoas. Seja completamente apaixonado por tudo isso e ainda assim não fique emaranhado em lugar algum. Deixe o fluxo permanecer livre.

Aquele que consegue manter amor e liberdade juntos é sábio, e isso se torna possível por meio da meditação. A meditação é a chave que desbloqueia o amor e que desbloqueia a liberdade – é a chave mestra.

Este livro foi composto em Apollo MT Std e impresso pela Gráfica Santa Marta
para a Editora Planeta do Brasil em janeiro de 2019.